Prologue

はじめに

なぜ、自分には行動力がないのか？
そう思ったことはありますか？
そんな悩みも今日で終わります。

それも 10 秒で。

行動力はちょっとした
コツとマインドの使い方で変わるのです。
10 秒のマインドチェンジができれば、
あなたの行動力は自然と上がり、
人生を変える力になるはずです。

たった10秒で、あなたの行動力は変えられる

『チャンスに出会わない人間は一人もいない。それをチャンスにできなかっただけである』

アンドリュー・カーネギー

人生はあっという間に変わります。

成功する人と成功しない人の違いに、実は大きな差はありません。能力や知識や学歴などは確かに違いますが、人生そのものを左右する大きな差ではないのです。

そうはいっても、成功する人、周りから評価・信頼をされる人たちと、そうでない人たちの間には、確実に「ある違い」が存在しています。

それは何か？

それは「すぐに行動に移せるかどうか」です。
チャンスが訪れたときに、すぐに飛び乗れるかどうか。
本気でやりたいことが見つかったときに、すぐに動けるかどうか。
人から勧められたことを、すぐに実行に移せるかどうか。

この行動力で、すべてが決まってしまいます。
そして、この「すぐに」ということが大切です。誰かにアドバイスをされたり、新しいことを学んだり、本気でやりたいと思ったことができたときに、10秒で動けるかどうか。それが人生を大きく左右します。すぐに動けない人は、「あーだ、こーだ」と考えた末に、チャンスを逃してしまいます。

あなたの行動力を変える10秒チェンジ

私も含めて人間にはそもそも怠け癖があります。ダメな営業マンが新しい仕事や面倒な仕事を増やしたくない、と思うように、現状を変えてまで大変なことをしたくないのが人間の本心なのです。

私は、さまざまなコーチングメソッドと心理学を学び、多くのビジネスの現場を見てきました。その中で、「人間の行動の法則」を発見することができました。

それはチャンスや情報が手に入った際、10秒の間に動くことができる人はすべてを手に入れ、10秒以上もの時間をかけても動けない人は何も手に入れられなくなる、ということです。

といっても、10秒の間に行動しなくてもかまいません。情報が脳に入り、心が共感したとき、10秒で「やろう！」と決断ができる人だけが、すごい行動力を手にできるのです。

ではなぜ、10秒で動くだけで、それほどの違いがでるのでしょうか？

それは、行動に「慣性の法則」が働いているからです。

行動し始めるときは力が必要になりますが、一度でも動き出してしまえば、そのあとは楽に動くことができます。

これは自転車や車などをイメージしてもらえればわかるでしょう。初めに動き出すときは、ある程度のパワーが必要です。しかし、すでに動き出している状態であれば、それほど力を入れなくてもスイスイ進んでいきます。ゼロから1にするときには、エネルギーが必要ですが、10を20にしたり、20を100にしたりするのは、実はそれほどエネルギーを使わないのです。

もっとも重要であり、一番の壁になるのが、最初の10秒間。

だからまず、これを突破しましょう。

本書では、「一瞬で行動に移せるようになるための方法」を紹介していきます。

本書でお伝えするメソッドは、シンプルでありながら、パワフルな結果を生み出します。このメソッドは、次の1点で成り立っています。

「気分」と「視座」を変えること。

視座とは、ものを見る「視点と立場」のことです。たったこれだけのことで、あなたの行動力、実行力、夢をかなえる速度は、驚くほど上がっていきます。

9割の人はなぜ、すぐに行動を起こせないのか？

人生というのは、シンプルなものです。

正しい思考と正しい行動を繰り返していれば、良い結果に巡りあえます。人生で道を踏み外したり、ドツボにはまってしまったり、ダメになって自分を変えられない人は、この2つに問題がある場合が多いのです。

そういった人は、誤った思考で、誤った行動をとってしまいます。

思考はなんとかなるかもしれません。

一番やっかいなのは行動です。

アンドリュー・カーネギーが言うように、チャンスはどんな人に対しても平等に訪れます。そのとき、大切なのはそのチャンスに10秒で行動できるかです。

「行動すれば成功できる。このチャンスに乗れば成功できるが、逃してしまえばいつまた来るかはわからない。もう二度と訪れないかもしれない」

多くの人は、それでも行動を起こしません。そうして大切な瞬間を逃してしまいます。

チャンスという受動的なものでなくとも、自分が変わりたいと積極的に思っているときでさえも同じです。

たとえば、「自分を変えたい」と思って、本を読んだり、セミナーに参加したりして、新しい知識や生き方、ノウハウを学んでも、次の日になったらほとんどのことを忘れ、忙しい日常に戻ってきているはずです。

なぜ、行動力のない人間に陥ってしまうのか？
どうすれば行動を起こせる人間になるのか？

その謎を解く鍵が本書のメソッドなのです。

なぜ、モチベーションがあっても、行動できないのか？

行動するために何より大切なのが「気分」です。

にもかかわらず、ほとんどの人がその大切さを理解していません。

私が「大切なのは気分です」というと、「モチベーションのことですか？」と聞き返してくる人がいます。

当たり前ですが、気分とモチベーションは違います。

モチベーションは、「動機」や「結果に対する意欲」と訳されています。

スポーツ選手でいえば、「優勝したい」「勝ちたい」という動機がモチベーションとなります。ビジネスパーソンであれば「今年結果を出したい」「昇給したい」、経営者であれば、「売り上げを上げたい」「上場したい」がモチベーションとなります。

モチベーションが高ければ、自然とゴールを達成するために動くことができるでしょう。

しかし、モチベーションは高いのに行動が伴わないことがあります。

「仕事で結果を出したい」「この仕事はやりがいがある」と思っているのに、ちょっとしたことでやる気が削がれたり、急にめんどくさくなったりするのです。

実際、好きな仕事をしているはずなのに、やる気を失っている人はよく見かけます。

人の行動力は、モチベーションが支配しているのではありません。行動力は「気分」で決まるのです。いくら「価値観」や「未来像」が明確であっても、「気分」が下がっていたら動けません。モチベーションが高かったとしても、気分が乗っていなければ、あらゆるやる気を失ってしまうのです。

逆に、良い気分をキープできれば、行動したい、行動できると思えてきます。どんなに難しい壁があっても、チャレンジできるし、向き合えます。

行動力を高めたければ、モチベーションだけでなく、「気分」もコントロールする必要があるのです。

視座を変えない人は「思考停止（フリーズ）」をする

そしてもうひとつ大事なのは「視座の転換」です。

動けなくなったり、思考停止したりしたとき、「視座」を変えることで簡単に行動力が高まります。

「視座」は、ものを見るときの「視点と立場」のことです。

詳しくは本書の中で述べていきますが、仕事において行動がとまってしまうときは、相手の反応を考えすぎて動けなくなってしまう場合が多いでしょう。

たとえば、上司に報告や連絡しなければいけないとわかっているのにできない人は、上司の反応を想像し、「怒られるんじゃないか」と不安になり動けなくなっているのです。でも考えてみてください。

本当は上司の反応を気にしているのではなく、自分のことを守りたいだけではありませんか？

上司からすれば、いつでも相談にはのるし、部下に不安や問題があれば解決できるのに、と考えているはずです。しかし、自分のことに気をとられていると、上司の期待を理解できません。

そこで10秒、想像してみましょう。

「もしも上司の立場だったら、部下であるあなたのことはどう見えているだろう」

上司の表情、姿勢、態度、口癖などを思い浮かべながら、なりきって思い描いてみてください。

＊

いかがでしたか？

これが「視座の転換」です。きっと「すぐに報告が欲しい」という上司の気持ちが味わえたでしょう。その気づきを行動に活かしたらどうなりますか？

「すぐに報告したほうがいいな」

「連絡だけでも入れておこう」

などと思えたのではないでしょうか。そして、不安も軽減されませんでしたか？

行動できなくなってしまう理由のひとつに、人間関係があります。たとえば、人間関係の対立や衝突、トラブルがあると、人はフリーズして動けなくなります。

しかしそれが起こるのは、自分の視座からしかものを見ず、関係者の意見を相手の視座に立って見ていないからです。仮に、4人の関係者がいれば、4つの視座があるのです。

あなたの視座をダイナミックに変える。

すると、どう動けばいいのか、周りがどう動いてほしいと思っているのかがわかるはずです。

自分の視座を抜け出して、他人の視座からものを見る。

さらに、状況全体を俯瞰《ふかん》する視座から見る。

そうやって複数の視座をいくつも体感しながら、解決策を探る方法をご紹介します。

本書は、細かいテクニック・ハウツーの本ではありません。

コーチング理論・心理学によって行動の本質に向き合い、自分自身を自由に動かすための本なのです。


「行動する人だけが人生を変えられる」


という言葉は、よくいわれています。

もしもあなたが、行動できない、予定の先送りや締め切り延ばしばかりしているのなら、本書を最後まで読んでみてください。

キーワードは10秒。

どれも簡単にできることばかりです。

本書があなたの人生を変える一助になれば、これほどうれしいことはありません。

夢実現応援家® 藤由達藏

◎目次

Chapter 2

10秒で行動する人の思考法（学ぶ）

Chapter 3 行動する人になる10秒マインドチェンジ（自分を変える）

Contents 目次

Chapter
4 結果につながる！周りを巻き込む10秒チェンジ（周りを変える）

Chapter
5 10秒でゴールに近づく思考と行動のコツ（人生を変える）

Contents 目次

編集協力　鹿野哲平
DTP　野中賢（株式会社システムタンク）
イラスト　せとゆきこ

Chapter 1

Become aware

第1章

すぐに行動できない人の10の習慣

「知る」

すぐに行動できない人には
共通点があります。

まずはそれを「認識」しましょう。
本章では、行動できない人が
やってしまうこと
を学びながら、その解決法を紹介
していきます。

行動できない人は、行動を阻害する思考の癖がある

いつも締め切りギリギリで仕事をしてしまう、やるべきことを先延ばしにしてしまう、悩んでばかりで行動できない、という人がいます。

その一方で、どんなことでもすぐに行動に移し、どんどん結果を出している人もいます。やろうと思ったらすぐに行動に移す。大げさではなく、10秒で決断し行動しているのです。

これは一体何が違うのでしょうか。

行動できない人の原因は、「行動を阻害する思考の癖」を持っていることです。

やりたいことや、やらなければいけないことがわかっていても、いざ行動しようとするとき、行動にストップをかけてしまいます。

行動できる人になるためには、その行動にストップをかけてしまう「思考の癖」

を取り除く必要があります。

もちろん、そう簡単にはいきません。行動できないことに悩んでいる人のほとんどが、その癖に気がついていないからです。ダメな自分を変えたいと思っていても、その思考が習慣になっているので、意識の力ではそう簡単に癖を直すことはできません。

ですから、まずは、**自分の思考の癖を認識することが大切**です。

「何かやりたいことが見つかったとき、なぜいつも自分はやらないのか？」

「やらなければいけないことがあるのに、どうして自分は先延ばしにするのか」

などを、一度しっかり認識しましょう。

本章では、あなたと同じように、行動にストップをかけてしまう人の共通点を紹介していきます。

「人の振り見て我が振り直せ」ではありませんが、同じ思考パターンに陥ってしまう人の特徴を見ていきましょう。

行動できない人は、自分をフリーズさせる癖がある

行動できなくなるシチュエーションに「困難と出合ったとき」があります。人は対処法がわからないとき、２つの思いが葛藤し合い、行動を止めてしまうのです。

「頭が真っ白になって何もできなかった」
「あれもこれもやらなければならない、と考えると行動できなくなる」
「考えが堂々巡りをしてしまって、何をしていいかわからなくなる」

「解決に向けて行動しよう」という思いと、「行動できない」という思いが対立し、葛藤することで、フリーズ（思考停止）状態になっているのです。その結果、行動できなくなります。思考が行動にストップをかける典型例です。

そんなときには、どうしたらいいでしょうか？

このフリーズ状態を解除する方法は、**自分の中でぶつかり合っているそれぞれの思いを全部書き出す**ことです。

「失敗して上司に怒られたらどうしよう」
「クレームが来たらどうしよう」

などなど、さまざまな思いが書き出されることでしょう。

心の中の思いを「書き出す」ことは、「掻き出す」ことです。一度、すべて掻き出してしまえば、頭の中はゼロベースになり、客観的に状況ややるべきことを整理することができます。

たくさん出てきたら、フセン（付箋）に書いて、並べ直してみましょう。

分類したり、順序を考えて並べ直してみたりしていくと、自分の中の何と何が葛藤しているのかがよく理解できます。

それを俯瞰して眺めていきながら、

「本当はどうありたい？　どうしたい？」
「葛藤が解決されたらどうしたいのか？」

ということを自問してみてください。そうすると、まず解決後の姿（状態）、つまりゴールが明確になります。ゼロベースで考えられますので、そこに葛藤はありません。

その上で、フセンのいらないものを捨てていきます。ほとんどが不安な感情や考えても意味のない思いのはずですから、それらが消えていくでしょう。

残っているのは、やるべきことだけです。何をどうやるか、どういう順番でやるかに整理をつけるのは難しくないでしょう。

あとは、それを行動に移すだけ。

このとき初めて行動できる状態になったのだといえるのです。

フリーズ（思考停止）状態を解除する

①フリーズしたら、自分の中にあるぶつかり合う感情や思いをフセンに書き出す

②フセンを並べてみよう。順番を変えたり、分類したりすると、何がぶつかっているのかが見える

③最後にいらないフセンを捨ててみよう！すると感情の葛藤もなくなる

行動できない人は、心がストライキを起こしている

行動できない状態は、頭の命令に対して心がストライキを起こしているときでもあります。「働きたい、会社に貢献したい」と思う一方で、「給料がこれだけでは働けない」とストライキを起こして、動けなくなっている状態です。

こういったとき、まずはこの「ねじれ」を改善する必要があります。

このねじれを改善する方法は、しっかりと「対話」をすること。ストライキのほとんどが対話を通じて解決できるものばかりです。なぜ解決できるかというと、共通する目的があるからです。

実社会におけるストライキには、賃上げや労働条件の向上など、ある目的があります。現在の労働組合のほとんどは会社を壊したいとは思っていません。

それと同じように、あなたの心の奥底の声も、あなたをダメにしたいとは思って

いないはず。あなたに対してよかれと思って抵抗（ストライキ）をしているのです。

その解決は「対話」することがすべてです。

真摯《しんし》に向き合って、対話をしていけば、「ねじれ」は解消できます。

まず、心の奥底ではどんな要求をしているのか、問いただしてみましょう。

静かに目を閉じ、自分にひとつずつ問いかけてみてください。

「会社に行きたくない」という願いがあったとしたら、どうしてそう思うのか、何をすれば会社に行ってもいいと思えるのか、など全部聞いてあげるのです。

かなえられることはかなえ、かなえるのが難しければ、ほかの解決策はないのかを探ってみてください。

ともかく大切なのは、自分の心と対話のテーブルにつくことです。心の奥底の思いや要求を聞かずして、この抵抗（ストライキ）は解決しません。

自分の心の声を聞くことで、思考と行動のねじれの原因がわかってくるはず。あとはそれを解いていけばいいのです。

行動できない人は、「時間があれば解決策は見つかる」と考える

「ああ、もっと時間があったらなあ」
「1日28時間あったらなあ」

あなたもそう思ったことがあるはずです。行動できない人は、「時間がもっとあったらなんとかなるのに」と考えてしまいます。しかし、時間があっても、結局締め切りが近づけば、同じことを思うはずです。

なぜなら、行動をしない人というのは、残り時間と仕事を進める時間がわかっていないからです。

人生に与えられた時間には限りがあります。仕事やプロジェクトという単位でも同じです。始まりがあれば終わりがある。どんな仕事にも締め切りがつきものです。

「時間がないからできない」で済まされるはずはなく、限られた時間の中で最大の

結果を発揮することが求められています。

「もっと時間があったら」と思う気持ちは理解できます。しかし、それはないものねだりであるとあきらめましょう。行動できない人は、時間が増えても同じ結果になるはずです。


ではどうすればいいのか？

まずは、思考を変えることから始めましょう。

時間が足りないと考える人の思考は、「これしかない」→「でも時間が足りない」で終わってしまっているのです。そういう人は次のように考えるのです。

時間は有限、だが打つ手は無限。

これはただのポジティブシンキングではありません。

本当に打つ手は無限にあります。何かをやり遂げるときに、方法がひとつしかないということはありません。

やり方によっては、時間が倍にもなり、余ってしまうことすらあります。時間や労力のかかる解決策もあれば、簡単かつすぐにできる解決策もあるでしょう。時間が限られているので、もっとも効果的な解決策を見つけ、実践しましょう。

そのために大切なのは、すぐに行動しすぎない、ということ。

思いつきで行動するのが悪いわけではありません。しかし、はなから時間がないとあきらめてしまって、思いついた解決策をすぐに実行するだけでは、失敗する可能性も高くなります。

行動を始める前に、10秒くらい使ってまずほかの解決策を洗い出してみてください。それでどんどん解決策のアイデアが浮かぶようだったら、すぐに行動に移さずに、どのアイデアを使うかを考えてみましょう。

解決策は、決してひとつではありません。登山の仕方にいくつものルートがあるように、問題の解決策も複数あるはずです。

行動できない人は、「自分の力」だけで解決しようとする

時間を何倍にも活用するには、「自分一人でがんばる」という発想を捨てることです。行動できなくなる原因には「自分だけの力でなんとかしよう。しかし解決するのに時間がかかる」ということが多いのです。

自分だけの力で解決しなければならない
↓
どうしていいかわからない
↓
とりあえずこの問題は棚上げしておこう

こうなると面倒くさくなって、行動しない自分のできあがり。それでは、ダメな

のです。この思考では、出せる結果も出せなくなってしまいます。
大切なのは、「自分以外の力」を使うことです。いうならば「他力」です。
次の「6つの他力」があるということを覚えておきましょう。

1. ヒト
2. モノ
3. カネ
4. 知識・情報
5. スキル・ノウハウ
6. その他

自分では解決できない、という状況になったら、まずこの6つの他力が使えないかを考えてみてください。どういうものか、ひとつずつ見ていきましょう。

6つの他力① ヒトを使う

「1. ヒト」はほかの人の力です。自分にできないことがあるのなら、できる人の力を借りましょう。

・仕事で英語が必要になったけど、英語ができない ↓ 英語のできる人に頼む
・人脈を増やしたいけど、自分に人脈がない ↓ 人脈のある人に紹介してもらう
・法的な知識がなく解決法がわからない ↓ 会社の法務担当や弁護士に相談する

などです。ほとんどの悩みは人間の力で解決できます。人こそ究極の力なのです。

6つの他力② モノを使う

「2. モノ」は、あらゆるモノ、道具、ツールです。

自分が解決できないもの、時間がかかるものは、モノに働いてもらうのです。穴を掘る作業を考えても、10人がスコップを持って掘るよりも、1台のショベルカーで掘り起こすほうが速くて簡単です。

・仕事が遅い、計算処理が苦手　↓　新しいPCと専用ソフトを購入する
・地図が読めない　↓　地図アプリにナビゲーションしてもらう
・快適に眠りたい　↓　寝具を探す

常に、「何か解決してくれるモノはないか」と考える癖をつけてみましょう。

6つの他力③　カネを使う

「3．カネ」はその名の通り、お金を使いましょう。

現代は貨幣経済中心の世の中です。何にでも姿を変えられるのがお金であり、時間も労力も多くの場合、お金で解決できます。

そのお金がない場合、そのお金を出してくれる人を探してもいいでしょう。銀行から借り入れてもいいし、投資をしてお金を殖やすこともできます。いま流行りのクラウドファンディング（ネットで出資を募る方法）だってあります。

6つの他力④　知識・情報を使う

「4．知識・情報」も使いましょう。

現代は、知識と情報が価値を生み出し、価値がお金を生み出す世の中です。本や雑誌、辞典や事典、インターネット、図書館、官公庁情報などあらゆる情報は活用法次第であなたの力になります。

6つの他力⑤　スキル・ノウハウを使う

これからしようとすることに必要なスキルやノウハウはないだろうかと考えてみましょう。必要なスキルがあれば、学べばいいし、学ぶ時間がなければ、スキルやノウハウを持っている人にやってもらえばいいのです。

6つの他力⑥　その他の使えるものを考える

「6．その他」とは、①～⑤の他力以外の方法です。

プライベートの充実とか、気分転換できる趣味、パーティや飲み会、ショッピング、テレビ、映画、演劇、カラオケ、音楽鑑賞、瞑想、座禅、アウトドア、スポーツ、芸能などなど、間接的にあなたの力を引き出すものならなんでも「その他」に入ります。

これら6つの他力を常に意識していれば、動けなくなるということはありません。どこかに解決の糸口を見つけることができるはずです。

「6つの他力」を使え!!

▶他力その①ヒトの力を使う

・人に協力してもらう、部下を使うなど

▶他力その②モノを使う

・道具に働いてもらう、PCソフトを使うなど

▶他力その③お金を使う

・お金で解決できることはお金を使う

▶他力その④知識・情報を使う

・情報をうまく収集して、自分の時間や行動を変える

▶他力その⑤スキル・ノウハウを使う

・スキルやノウハウを学び、活用する
・学ぶ時間がなければ、①のヒトの力を使う

▶他力その⑥その他の使えるものを考える

・その他のあらゆる方法を活用する

行動できない人は、3つの「不安」でフリーズ（思考停止）する

行動できなくなってしまう大きな原因に「不安」があります。何をやっても成果が上がらないとき、失敗が続いているときは、行動することが億劫《おっくう》になります。この状態になってしまうと、思考も行動もフリーズする、いわゆる思考停止状態です。

行動できない人のほとんどが、不安のパターンに陥ってしまっています。まずそれに気づきましょう。思考と行動のフリーズは、次の3つの不安によって生まれます。

1. 過去にとらわれて陥る不安
2. 未来にとらわれて陥る不安
3. 現在にとらわれて陥る不安

1. 過去にとらわれて陥る不安

「過去にとらわれて陥る不安」は、過去の失敗体験を引きずり、動けなくなっている状態です。


「やってみたけれど、ダメだった」

「得意先からこっぴどく叱られた」


そういった失敗の過去を思い出してしまいます。

「うまくいかない」という思いが心を支配しているので、何をするにしても、過去の記憶が呼び起こされ、「うまくいく」というイメージが思い浮かびません。そのため、次もどうせうまくいきっこない、という結論を引き出してしまうのです。

うまくいかないと思いながら、行動できる人はいません。脳が「うまくいきっこない」という命令を全身に向けて放っているわけですから。

2．未来にとらわれて陥る不安

「未来にとらわれて陥る不安」は、今後もきっとうまくいかない、と思い込んでいる状態です。そしてうまくいかなかった結果を、あれこれと想像してしまいます。

過去の成功体験が強すぎる人も、失敗に対して過度に不安になるのですが、それも未確定の未来にとらわれているからです。

「クレームが来たらどうしよう」

「納期が間に合わなかったらどうしよう」

「スケジュールが遅れたらどうしよう」

とにかく悪いほう、悪いほうへと想像力を働かせてしまい、動けなくなります。

いわゆるネガティブ思考に陥ります。

未来とは、読んで字のごとく「未《いま》だ来《きた》らず」。取り越し苦労をしすぎる必要はありません。悪い想像をしたなら、対策をとる行動につなげることで「不安」は解消されます。想像しただけで行動しないと、フリーズするだけです。

3. 現在にとらわれて陥る不安

「現在にとらわれて陥る不安」は、現在起きていることの「ある一部分」にとらわれて、それがあたかもすべてであるかのように感じている状態です。

「ある一部分」というのは、

・自分のできていないところやうまくいっていないこと
・失敗やミス、好ましくない現在の結果
・自分の中のネガティブな気分

目の前の結果は、過去の行動の結果です。結果にとらわれて不安になると、未来を切り開く一歩が踏み出せなくなります。

あなたが行動できないのであれば、きっとこの3つの不安の中にいるはずです。自分がどのパターンの不安に陥っているか、気づいておきましょう。

3つのフリーズとは？

過去の不安による
フリーズ

未来の不安による
フリーズ

現在の不安による
フリーズ

行動できない大きな原因はこの3つの不安!!

行動できない人は、失った自信を放置する

人間はもともと元気です。元気とは、人が本来持っている活力であり、「自らの未来＝可能性」を信じ、行動しようとするエネルギーです。元気は自信があると、あふれ出て、自信を失うと、出なくなるという性質を持っています。

お乳を求めて泣く赤ちゃんは元気そのもの。

「自分は本当にお乳が欲しいんだろうか」と自問自答する赤ちゃんはいません。欲しいことになんの疑いもありません。元気が満ちあふれ、自信満々です。

しかし、時間とともに成長し、たくさんのことを経験する中で、誰しもが成功もすれば失敗もしていきます。苦い経験や辛い体験をしたりしたときに、「こういうこともあるさ」と軽く受け流し、再度チャレンジして、成功したり失敗したりしていけば、元気は損なわれず、自信も育っていきます。

ところが、たった一度の失敗や、衝撃的なほど辛い体験をしたときに、「あんなことさえしなければ、こんな目に遭わずに済んだのに」と考えて、心の底から「行動＝危険」と思ってしまうと大変です。元気の出口にフタをして封じ込めて、行動できなくなるのです。

そのまま元気を取り戻さずに、行動しないでいると、いつまでたっても失敗を返上することができません。そのため、心の中で失敗が肥大化していきます。「自分は必ず失敗する。なぜなら、一戦一敗。百パーセント失敗してきたのだから」

確率的には、何度もチャレンジしてようやく正しい確率がわかるというのに、行動しないと不完全な確率が心の中で固定化してしまうのです。

いつの間にか「失敗の信奉者」になり、ついには自信を喪失してしまいます。自信がなければ、自分の未来に対する積極的な行動がとれません。ここから負のスパイラルが加速して、行動できない人になってしまうのです。

失った自信を放置すると、失敗が怖くなり、何をするにも行動が制限されてしまうので、どんどん生きづらくなっていきます。

行動できない人は、行き過ぎたリスクヘッジをする

未来の別名は、可能性です。

可能性は、どんなこともありうるという意味で、中立的な言葉ですが、これを危機に陥る可能性と考えれば「危険性」とも言い換えられます。

いわゆる「リスク」です。株式が値上がりするか値下がりするのかについて、どれくらいの振れ幅があるのかを「リスク」と呼ぶのもその例です。「価格変動の可能性」＝「株価上昇の可能性」＝「株価下落の危険性」ということです。

大事なのは、リスク（変動の可能性）のないものは皆無だということです。

では、リスクはどのように判断するのか。過去の実績や将来の見通しなどをみて、人間が総合的に行います。どんなデータがあったとしても、それにもとづいて判断するのは人間の心です。

そのため、リスクの感じ方は、人の気分や意識状態によって左右されます。楽観

的な気分のときには、良くなる可能性が大きく、悪くなる可能性は小さく感じられます。悲観的な気分のときは、良くなる可能性は小さく、悪くなる可能性が大きく感じられるでしょう。

悲観的な気分や不安が強いときに、悪化する可能性が大きく見積もられるために、過剰なリスクヘッジをしてしまいがちです。過剰なリスクヘッジの例としては、次のようなものが挙げられます。

- 現在の生活が苦しいのに貯金をしようとしている
- 生活費を圧迫するくらい生命保険をかける
- 裏切られることを想定して、常に本心を見せない
- いつフラれてもいいように、常に複数の人と付き合う

常に気分が沈んで悲観的だと、過剰なリスクヘッジが恒常化してしまいます。

過剰なリスクヘッジを必要とするのは、行動しないからなのです。

それはまるで、太りすぎて困っていても、適度な運動や食事と規則正しい生活を嫌っている人が、健康や美容のために多くの薬を飲むのと一緒です。

リスクを意識するだけで行動しなければ、不安はどんどん大きくなっていきます。

行動できない人は、「二度あることは三度ある」を誤解している

「二度あることは三度ある」

ということわざがありますが、どうもこれを誤解している人が多いようです。

「二度失敗したら、きっと次もまた失敗する。二度も失敗したらずっと失敗し続ける」

そう考えています。しかし、本当は次のような意味です。

「二度も起こるようなことは、さらにもう一度起こる可能性があるから、十分に気をつけて備えをしておけ」

これは、戒めの言葉です。私たちは、失敗をして痛い思いをすることもありますが、一度失敗したからといって、必ずしもまた失敗するとは限りません。講演を聞

いた人が元気になることで有名な福島正伸先生（株式会社アントレプレナーセンター代表取締役）は、講演の中で、

「人生には成功と失敗があるのではなく、成功と成長があるだけだ」

とおっしゃっています。

まさにその通りです。失敗とは、経験に対するひとつの見方にすぎません。他人からは失敗と見られたとしても、あなたがその経験から学びに気づき、次につなげることができれば大きな成長なのです。

つまり、人生に失敗はありません。

そこにあるのは成功と成長だけなのです。

「失敗したなあ」と思っても、必要以上に引きずられることなく、むしろ前向きに捉えて振り返り、次に失敗しない対策を打っておけば、不安なんてなくなるのです。

行動できない人は、「まだ○時間あるから大丈夫」と考える

楽観的なのは良いことです。「時間がない」と嘆いているよりも、「まだ○時間あるから大丈夫」と感じていたほうが、心身の健康には良いでしょう。

ただ、そこには落とし穴もあります。一見すると楽観的のようでも、実は「単に行動を先延ばしにしているだけ」という場合があるからです。


あなたは、期限までまだ時間があるからと、先延ばしにしていませんか？

「まだいいんだよ。面倒くさい。まだ何をしたらいいのかわかんないから」

心の奥からそんな言葉が聞こえてきたら、要注意です。無視せずにその気持ちに向き合ってみましょう。


先延ばしにする人は、仕事の全体を見渡せていないという特徴があります。

いつまでにやらなければならないという期限は知っていても、全体の進行をどうするかがイメージできていません。「期限まではまだ時間があるから」というだけで、思考と行動を停止させているのです。

また、時間と質の関係を理解していません。ある仕事を仕上げるのに、短期間で取り組むのと、時間をかけて取り組むのとでは、質の上で影響が出てくるはずです。先延ばしにすることは、期限に間に合わない危険性が高くなるのと同時に、期限を守れたとしても質が低い場合が多いのです。

こういったやり方をやめるためにはどうすればいいでしょうか？

まず、先延ばし癖のある人は締め切りを決めるだけでなく、取りかかる期限を決めましょう。作業をスタートさせる期限と締め切りの期限があれば、ギリギリになる前にスタートでき、進捗や全体を把握することができます。

「いやいや、簡単にできるから、放っておいてもいいんだよ」

そう考える人もいるかもしれませんが、簡単にできるのであれば今やってしまったほうがいいでしょう。

実際、先延ばしのことのほとんどが、手をつければすぐに終わるものです。さっさと終えてしまえば、それ以降の時間は課題から解放されます。

そして、次の課題に取りかかることもできるでしょう。

早くから取りかかれば対処できることなのに、先延ばしにしてギリギリに取り組んでしまうと、時間切れになり対処できなくなります。

後悔先に立たず。取り組むのに早いにこしたことはありません。締め切りと同時に取りかかる期限を決めましょう。

Chapter 2

Learn

第2章

10秒で行動する人の思考法

「学ぶ」

次にやるべきことは、
すぐに行動している人の思考法を
自分のものにすることです。
どんどん行動に移すことができる人にも
共通点があります。

本章では、どんどん行動できる人の
思考パターンを学んで
マネをしていきましょう

10秒で行動する人は、「行動してしまえば、あとは楽」と知っている

行動力のある人は、「行動してしまえば、あとは楽」と知っています。

これまでの経験から、「行動してしまえばあとはどうにかなるものだ」という体験を重ねているからです。

行動力というのは、「雪だるまづくり」に似ています。

雪だるまづくりでは、最初に小さなおにぎりサイズの雪の塊をつくりますよね。その雪の塊を雪上に転がしていくと、どんどん雪がくっつき、あっという間に一抱えもある大きな雪の塊になります。

行動力もこれと同じです。大きな雪の塊をいきなりつくるのは、一見すると大変に思えるかもしれません。しかし、最初は小さな塊でいいのです。小さな塊だったとしても、少しずつ転がせばどんどん大きくなるのです。

今あなたは、日本語を苦もなく使いこなしています。聞くことも、話すことも不

自由がなく、難しい小説もネット上のニュースも難なく読んでいるでしょう。

しかし、小学生のときは、どれほどの言葉を知っていたでしょうか？

漢字もどれくらい知っていましたか？

学習を始めなければ現在のあなたはなかったはずです。

わからない状態でも、少しずつ学習を重ねたことで、現在のあなたがあるのです。

「行動をすればあとはなんとかなる」というのは、行動することで自分と自分を取り囲む環境がそれだけで変化し、成長するからです。

もともと困難だと見えたものでも、行動することによって、少しだけ困難度合いが減少していきます。

行動しなければ、自分は変化せず、環境だけが変化して困難度合いが高まってしまうかもしれません。ややこしくこじれてしまうかもしれません。

それよりも、一歩行動し、自分と環境の両方を変化させたほうが、問題は解決しやすくなるものです。

10秒で行動する人は、頭に「見取り図」を描いて行動している

頭の回転が速く、テキパキと仕事をこなし、人の何倍も成果をあげるという人がいます。

彼らの特長は、行動量が多いのに、むやみやたらと行動しているようには見えないところです。初めて取り組む仕事であっても、必ずポイントをおさえて行動しています。どうしてそんなことができるのでしょうか。

できる人は、常に頭の中にいわば「見取り図」を描いているのです。

「見取り図」は、実際に絵や地図にまとめている人もいますし、頭の中で想像している人や箇条書きや文章にしている人もいます。その形式はさまざまですが、まさに「見取り図」と呼ぶにふさわしいものを持ちながら仕事をしているのです。

「見取り図」には必ず、「現在地」「行程」「目的地」の3つが含まれています。

「見取り図」の余白には、別の道を行くための情報も書き込まれています。当初通るべき道がふさがっていた場合、どの道を通ることができるかについても検討できる余地があります。

また、目的地のその先についても考えられるように、その先に土地が広がっている、そんな「見取り図」です。

よく、「ゴールを決めることが大切だ」と言われますが、ゴールを決めただけでは、どう進めばいいかわかりません。**ゴールへの道筋も描かれた「見取り図」こそが大事なのです。**

コーチング・セッションで実際にあった例をお話ししましょう。

シンガーソングライターのすわじゅんこさんは、「千人規模のライブを成功させたい」「世界の人たちに愛の歌を届けたい」という目標を持っていました。着実に行動を積み重ねているものの、どうもやる気が出ずに困っていたことがありました。

話を聞いてみると、目の前の具体的行動に取り組むばかりで、先々のスケジュールが立っていないために、やる気が湧かないのだということがわかりました。ゴールまでのプロセスが見えていなかったのです。

そこで、これから半年間の「見取り図」を明確にするセッションを行いました。長方形の会議室の真ん中の一直線上を時間軸に定めます。中心が現在。前方の端が未来。後方の端を「過去」と定めました。

過去から「現在」まで、一直線上を歩きながら、これまでの半年間を思い返し、味わってもらった上で聞きました。

「どんな半年でしたか？」

「過去半年で、たくさんのことをやってきました。たくさんのお客様とも出会えたし、あらたなビジネス上の出会いもありました」

次にこれから先の「心躍る未来像」を思い描くために、「現在」から「未来」に向かって、ちょうど半年後だと思えるところまで歩いてもらい、「どんなことが起こるか、あるいは起こしたいか、思い浮かぶことをお話しください」と促しました。

「半年後、３００人以上のお客さんを前にして歌っています」

「それができていたらどんな気分ですか？」

「達成感があります！」

彼女は目を輝かせて語ってくれました。そして、そのゴールに至るプロセスも大小問わず書き出して、スケジュール化していきました。ゴールとプロセス、さらには、その他の可能性も含めて全体を俯瞰《ふかん》する「見取り図」ができあがりました。その結果、彼女はやる気を取り戻し、まずは目の前のことに取り組み始めたのです。

このセッションから半年後、彼女はミャンマーの最大都市ヤンゴンのステージで、5万人を前にして自分のオリジナルソングとミャンマー語の伝統的な歌を歌っていました。観客は300人どころではありません。まさに「心躍る未来像」を実現させていたのです。

ゴールにたどり着く「見取り図」を持つことで、確実に早く目的地に着くことができるのです。しかも、予想を超えて早く着くことだってあるのです。

頭に「見取り図」を描くと行動できる

10秒で行動できる人は……

全体の見取り図が描けている

大切なのは、見えないものを見える化すること

「見える化」が行動力を決める!

10秒で行動する人は、考えるが、悩まない

10秒で行動できる人は、考えはしても、悩むことをしません。逆に行動できない人の多くは、「すぐ悩む」という特徴があります。

「今後この仕事を続けていくべきか悩んでいるんです」

ごく普通の日常会話で「悩む」という言葉をよく使う方は要注意です。

パスカルは「人間は考える葦《あし》である」とは言いました。「考える葦」であって「悩める葦」でないところが重要です。

「考える」と「悩む」は、似たような言葉ですが、意味はまったく違います。

「考える」とは、論理的思考法を使って、なんらかの解決を図るために頭を使うこと。一方「悩む」というのは、「行動に結びつかないように考える」ことです。解決を図ろうと考えながらも、結論を出さず、行動にも結びつけません。そしてそれを「考えている」と勘違いしてしまいます。

悩みたい人は、次のことをすればすぐに悩むことができます。

1. ネガティブな気分に浸る
2. 結論を出さずに堂々巡りをする
3. できない理由をとことん探す
4. 他人に相談するが、アドバイスを活かさない
5. 結論が出たとしても行動しない

これだけやれば、完璧に「悩む」ことができます。
逆に、次の5つをやれば「悩む」ことから脱出することができます。

1. ポジティブな気分に浸る
2. 仮でもいいから結論を出す
3. 「どうしたらできるか」をとことん考える
4. 他人のアドバイスは自ら取捨選択する

5. 結論が出たら行動する

この5つのプロセスをたどるのが、「考える」ということです。

もしも考えて結論を出していれば、あとは行動するだけなのですが、悩むのが好きな人は、行動を先延ばしして、相談をずっと重ねてしまいます。

そういう方は悩むのが大好きなのです。とにかくいろいろな人に相談し、返ってきた意見をまた別の人に話して、「あの人はこう言っているけどどう思う?」と相談を繰り返しているのです。占い師に相談するのが好きな人だと、何人もの占い師にお伺いを立てたり、おみくじを何本も引いたりしています。

もしもそんなサイクルにはまっているなら、一度、自分の姿を客観的に見てみてください。すると気づくことがあるはずです。

そして、相談ばかりしている自分を変えたいと思うのであれば、先に挙げた「考える5つのプロセス」をしっかりと実践してみてください。

10秒で行動する人は、「失敗」を考えない

「失敗するために、全力を尽くしています！」と胸を張る人はいません。失敗することもありますが、失敗を目指して行動する人はいないはずです。

何を当たり前のことを……、と思うかもしれませんが、失敗することばかりを考えている人が多いのも事実です。

人は意識を向けた方向に進む、という性質があります。

道を歩いていて、前から歩いてきた人を避けようとして相手の動きを見ていると、逆にぶつかりそうになった、という経験は誰しもあるでしょう。これは意識を向けているために、そちらに近づいてしまったのです。

成功や失敗も同じで、失敗について考え続ければ、失敗に近づくことになります。

逆に、成功について考え続ければ、成功に近づきます。

どんどん行動をして、いつもうまくいく人は、この法則を無意識に理解していま

す。失敗を考えず、成功することだけを考えているから、うまくいくのです。

あなたもこの法則を利用してみてください。

「成功するために行動する」ことを徹底的に考えてみましょう。

最高に楽しい気分になっているときに、成功した場面を思い描いてください。その成功を得たいのだと思えたところで、どんな方法で行動するのか検討します。成功するためには、いくつもの方法があるはずです。方法は無限にあります。であれば、その中でもベストは何だろうか？　もっと良いやり方はないか？　もっと効果的な方法はないか？　と考えてアイデアを書きとめていきましょう。

どうしたら成功できるか。Ｈｏｗを考え続けるのです。

そうすると「失敗」なんて考えている暇はなくなります。前向きに考えるというのは、楽観的な気分で、いかにしたら前に進めるかを考え続けることです。

それでも、不意に「失敗」の二文字が頭をよぎり、不安な気持ちになるかもしれません。それは、むしろ、あなたの心のセンサーが何かを感じ取った証拠です。どうすればそんな「失敗」をしないで済むか、アイデアを出してみましょう。

「失敗」に陥る道筋が見えたなら、どうすればそれを回避できるかを考えるのです。

その際も、どうしたら成功できるかを考え、方策が見えたら実行していけばいいのです。ここでも、失敗について考えているわけではないのですね。失敗しない方法に意識を向け続けているのです。

エジソンは、電球の素材フィラメントを発見するために無数の失敗をしました。

しかし彼は、「電球に向かない素材を無数に発見したのだ」と捉えて、いっこうにめげませんでした。

だからこそ、見つかるまでずっと研究を続けることができたのです。

私たちの人生も同じで、**成功するまで行動し続ける勇気が必要なのです。**

10秒で行動する人は、現在の不安は今解決すればいいことを知っている

不安を感じるときは、できるだけ早く不安を解消したいものです。

すぐに行動できる人は、不安を先送りせずに、今すぐ潰していきます。


「受注できなかったらどうしよう……」

「提案が却下されたらどうしよう……」

それだけ心配ならば、「悲惨な結末を迎えたら実際にはどうなるのか」を一度じっくり考えてみましょう。シミュレーションをしてみるのです。


まず、「最悪の展開」を想像してみましょう。

受注できなかったらそのあとどうなるか。それまでの提案の時間はムダになるかもしれません。上司もがっかりするでしょう。予算達成が難しくなり、挽回策を考

えないといけません。さらに、予算未達成で終わったとしたらどうなるか。成績の査定に響いて、ボーナスが少なくなるかもしれません。

このように、とことん悪い方向に進むとしたらどんな展開になるのか味わってみましょう。とことん味わってみると、

「そうはいっても、そこまで悪いことばかり続くわけがないだろう」

という気持ちが湧き起こってくるはずです。

そうしたら、声を出しながら伸びなどをして、気分を切りかえましょう。

次に、「最高の展開」を想像してみます。

受注できた場合、とことん良いことばかり起こったらどんな展開になるのか味わってみます。受注して、納期も間に合い、さらに追加注文も入り、さらには新規案件も担当することになり、半期成績の査定も良く、ボーナスも金額が大幅にアップする。昇進・昇格にもつながり、順風満帆。

これもとことん味わってみると、

「そうはいっても、そこまで都合良くはいかないだろう」

という気持ちになるでしょう。

それを感じたら、また伸びをして気分を切りかえます。

そうしたら最後に、「挽回策」の想像をしてみます。

現実的にどうなる可能性が高いのか、何が分岐点になるのか、もしも最初の分岐点で注文をとれなかった場合はどんな挽回策があるだろうか、など二の手、三の手も含めたシミュレーションをしてみてください。

ここまでシミュレーションをしてみると、今からできることを具体的に検討することができるようになっているはずです。

受注しなかったらどうしようと単に不安になっているよりも、受注をより確実にするために今できることは何か、受注できなかったとしたら何をしなければいけないか、を考えて次善策、事後対策を行っていけば、不安は解消されていきます。

一つひとつのシミュレーションごとに、「気分を切りかえる」のがポイントです。悲観的な展開をとことん想像する。気分を切りかえる。そして楽観的な展開をとことん想像する。

このように毎回気分を切りかえてシミュレーションしてみてください。

気分を切りかえるために、大きな声を出して伸びをしたり、立ち上がって少し歩き回ったりすることをオススメします。

考えるだけで行動しないと不安が生じます。

行動し、自分と環境を変えていくと、すでに不安となっていた状況が変わります。

新しい自分と環境においては、新しい課題が現れるので、元の不安は解消されます。

新しい課題に対して、行動をしていけば、不安に陥って悩むこともありません。

不安の解決には、行動することが一番なのです。

10秒で行動する人は、「行動の遅れが不安を増やす」と知っている

10秒で行動する人は「行動の遅れが不安を増やす」ということを知っています。

ひとつの仕事が終わっても、それだけでは終わりません。仕事中にまた新しい仕事が発生します。

常に次の仕事が来る前にどんどん処理をして、仕事が完了しているのなら問題は起きません。新しい仕事の発生も苦にならないでしょう。しかし、仕事が終わるペースが遅れると、次から次へと発生する仕事がどんどんたまっていきます。やがては、処理しきれないほど膨らんでしまいます。

ビジネスの世界では、行動の遅れは命取りです。適切な時期に着手して、納期を守るということを励行していかないと、仕事はたまるばかりです。

かくいう私も、本を買うのが好きで、手当たり次第買ってしまう癖があります。

そのくせ、読書スピードは大して速くもないので、未読の本がものすごいスピードでたまっていきます。

仕事と同じで、どんどん読んでいかないと、やがて自分の部屋に入らなくなってしまうかもしれません。あらためて「行動の遅れが不安を増やす」ということを肝に銘じたいと思います。

締め切りを意識し、取りかかる期限を決めて、楽しい気分で行動し続けましょう。

10秒で行動する人は、小さな一歩を大事にする

「頭の中で思い描いた分には良かったけど、現実はやっぱりうまくいかないな」

そんなふうに感じたことはありませんか？

ほとんどの人があるのではないでしょうか。だから「夢なんて見るな！」「現実を見ろ！」という人が出てくるのです。そんなことをいわれたら、「やっぱりそうだよな、現実を見なきゃ……」と思ってしまうかもしれません。

でも、待ってください。

どんどん行動をして大成する人というのは、「夢」を大切にしています。どんなことも「夢」からしか始まりません。

「空を飛びたい」と思って飛行機を発明したライト兄弟も、「地球が丸いならば大西洋の向こう側を回ればインドにたどり着けるはずだ」と航海に乗り出したコロン

ブスもみんな、初めに「心躍る未来像」を描いて行動を起こしたのです。

しかも、いきなり飛行機が飛べたり、すぐさま目的地にたどり着いたりしたわけではありません。

どんなに大きなことを成し遂げた人も、最初は小さなことをしたのです。

自分一人で設計図を描いたり、資金を集めたりしてスタートしています。日本の大企業の創業者だって同じ。最初はみんな、丁稚奉公《でっちぼうこう》をしながら夢に向かって勉強したり、小さな商店から始めて世界的な工場をつくるに至ったりしているのです。

小さなことから始めましたが、その前に、「ありたい姿」を思い描いたり、「絶対に譲れない価値観」を心底味わったりしていたのです。


「現実を見ろ！」と一喝する方がいてもいい。

そう、現実的にできることから始めなさい、という応援のメッセージです。

「ローマは一日にしてならず」

「千里の道も一歩から」

などのことわざにもあるように、大きな夢の実現につながる、小さな一歩を見つけて、それを実際に行動に移して実現することが重要なのです。
今すぐできる小さな一歩を探してください。とても簡単な行動であるはずです。

・図書館に行って調べる
・インターネットでキーワード検索してみる
・有力な情報を知っていそうな知人を訪問するためにアポイントをとる
・どんな人が有力な情報を知っているのかを手当たり次第に聞いてみる

自分の「心躍る未来像」実現のために最初にできることならなんでもOK。一度にできる行動は簡単で小さなことです。できるだけ行動を分解して小さくしましょう。どれだけ簡単で小さなことにまで分解するかといえば、「39度の熱にうなされていてもできること」くらい小さく分解してみてください。

つまり、絶対に失敗しないことから始めるのです。どうやっても失敗しない小さな一歩になります。

「図書館に行く」であったら、「図書館の開館日を調べる」。

そのために「パソコンの電源を入れる」。


このように行動を小さく分解していきます。

大きな夢を実現するための第一歩。その第一歩を踏み出すための、小さな一歩。それを見い出すことが、さらにまた小さな第一歩です。

そもそも私たちの行動は、細分化された「小さな行動の積み重ね」でできています。小さな行動を積み重ねることで、大きな夢を実現するのです。

つまり、小さなことしかしなくていい、ということです。小さなことなら必ずできます。ということは、大きな夢も必ず実現させることができるのです。

10秒で行動する人は、プロセスを分解してシンプルに行動する

「小さな行動」を見つけ出すには、シンプルに考えることが大切です。考えるためのプロセスを細かく分けて、それぞれのプロセスでシンプルに考えていけば、「小さな行動」を見つけ出すことができます。

課題や問題を考えるための6つのプロセスをご紹介します。

1.「具体的には?」と問いかける

目の前の課題、大きな夢、立ちふさがる難問。すべての課題・問題は、いくつもの要素がからみあった状態で目の前に現れます。

だからこそ、「具体的に、何が問題?」「具体的に、何が困る?」と、ことの本質を、具体的な形に分解していくことが大切です。

このとき、「5W2H」を活用しましょう。

When（いつ、いつから、いつまで、過去・未来・現在のいつなのか……）
Where（どこで、どこから、どこへ、どこまで、どのあたり……）
Who（誰が、誰を、誰のために、誰に対して、誰から……）
What（何が、何を、何のために、何に向けて、何に対して、何をもって……）
Why（なぜ、どうして、理由は、動機は、原因は……）
How（どのように、どうやって、いかに、どんなふうに、方法は……）
How much（どれくらい、量は、期間は、広さは、数量は、コストは、金額は……）

「5W2H」と一口に言いましたが、右の英単語をすぐに思い出せますか？　ごく簡単な単語ですが、7つをさっと言える人は少ないはずです。いちいち書かないと思い出せないのでは、実践的ではありません。

そこで、「5W2H」と聞いたらすぐに次の言葉を思い出せるようにしましょう。

「いつ・どこで・誰が・何を・なぜ・どう・どれくらい」

この語順で、リズミカルに口ずさんで練習すれば、いつでも空で言えるようになります。そうすれば、「Wで始まる単語は何だっけ?」などと考えなくてすみます。

物事はすべて具体的に発生し変化していきます。第一印象や思い込みだけの限られた情報で対処しようとすると、問題の核心を捉えることができません。シンプルに考えるためにも、具体的にすることが大切です。

2.「ほかには?」と問いかける

「具体的には?」という問いかけと組み合わせて使います。課題や問題に対する理解を深めていきます。ある部分について深く理解したら、ほかにモレはないのかを確認するために、「ほかには?」と問いかけます。

先の「具体的には?」は、問題を「深める」問いかけでした。この「ほかには？」は、問題を「広げる」問いかけです。「具体的には？」「ほかには？」と深めて広げることで問題の詳細が明確になってくるのです。

3.「要はどういうことか？」と問いかける

「具体的には？」と「ほかには？」という質問を使って、課題・問題の全貌が明らかになったとすると、具体的な事象がたくさん集まり、捉えどころがないように感じるかもしれません。そのときに、全体を見渡して、

「要は、どういうことなのか？」
「つまり、何が起こっているということなのか？」
「問題の核心は何なのか？」

すると、具体的な情報の集積の中から、核心部分が浮かび上がってきます。

何も具体的な情報が見えていないうちに、「要はどういうことか？」と考えてみても、第一印象や思い込みによる答えしか導けません。

シンプルに行動するには、問題を具体的にしてから、核心を捉えるという作業が

必要です。このような手順を踏むことで、物事はシンプルに捉えられ、シンプルな行動を導き出すことができます。

4. 課題解決後の状況を想像する

「要はどういうことか」がわかったあとに、これといった解決策が見えていないからといって慌てないでください。焦って行き当たりばったりの対策をとってしまうと、これまでのプロセスが台無しです。

しかし、この段階で解決策が見当たらないのは、当然のことです。まだ、解決策について考えていないのですから。ここまでは、現状を理解するプロセスなので、解決策が見えていないからといって、不安がる必要はありません。

この段階ですべきは、いきなり解決策を探すのではなく、課題解決後の状況を考えることです。いきなり方法を探さないということが重要です。

課題・問題の核心がつかめたら、

「では、それがどのように解決されたらいいのか、さらに改善されるとしたらそれはどんな状態か？」

これを考えるのです。課題解決後の状態がわからないまま考えたり、議論をしたりしていると、堂々巡りに陥ります。行き先も決めないまま旅をするようなもの。

その課題・問題が解決されたら、課題解決後の状況をありありと思い浮かべてください。

「お客様が当社の大ファンになっている」
「取引先から好条件のオファーが山のように舞い込む」
「職場の雰囲気が激変し、社長賞をいただいて、職場で祝杯をあげる」

など、イメージしてみましょう。もっと深く、味わってみるのであれば、次のように考えてみましょう。たとえば、「取引先から好条件のメールが届いている」というものであれば、朝メールを開いたら「えっ！」と思って息が止まるほどの条件の良いメールが届いてる、電話も鳴りっぱなしで、職場の人たちみんなが歩きまわったり、賑やかな音にあふれている。Faxの紙も続々届き……など、五感をフルに使ってリアルに思い浮かべてみてください。

5.「そのためにできることは何?」

「心躍る未来像」を課題解決をしたあとの状況として味わうことができたら、ここで初めてそのためにできることを探ります。

方法は、このとき初めて考えるのです。やり方は無限にあります。思いつく限り書き出しましょう。「具体的には?」「ほかには?」と問いかけながら具体的な方法を書き出していってください。

たくさん出てきた方法を眺めながら、「心躍る未来像」と見比べながら、ベストな方法を選んでください。

その方法を実施したら、どんな展開が始まるのか、「心躍る未来像」実現までのプロセスを紙の上に落書きしながら、シミュレーションしてみてください。そこでしっくりくるようでしたら、その方法を実行しない手はありません。

6．「最初の一歩は何？」

「心躍る未来像」を実現するための方法がわかったら、そのためにできる最初の一歩は何か問いかけてください。

最初の一歩は、「ベイビーステップ」などとも呼ばれます。赤ちゃんのよちよち歩きのイメージです。それくらいでかまいません。

ベイビーステップは、やがてモンロー・ウォークのように魅力的な歩みになり、最後には、ウィニング・ランとなり「心躍る未来像」を現実のものとするでしょう。

ウィニング・ランにつながるベイビーステップを探り当ててください。それが見つかったら、すぐに行動です。

10秒で行動する人は、「朝」を大切にする

朝は、眠りの中で疲れがとれて、前日の情報が脳の中で整理されてスッキリした時間です。夢うつつの意識状態は、「心躍る未来像」を思い描いたり、心の奥底からメッセージを引き出したりするのに最適です。

一流の経営者は、毎朝の時間を瞑想にあてたり、心を空っぽにしたり、自己との対話に使ったりしています。何者にも邪魔されない時間、ゆったりと瞑想の時間をとることができたら最高ですね。

瞑想のやり方がわからない方もいらっしゃるでしょうし、特別なことはしたくないという方は、朝、目覚めたら、すこし目を閉じて、深呼吸などしてゆったりとするだけでも結構です。

夢を見たなと思ったら、夢を反芻《はんすう》してみてください。

そして、メッセージなり教訓なり、人生のヒントなりを引き出せたらメモしてく

ださい。そして、将来本当はどうありたいか思い描いてみましょう。そしておもむろに立ち上がり、顔を洗ってさっぱり。それだけでも結構です。

朝の時間は、一日の中でも一番貴重な時間です。朝の使い方次第で、一日を効果的に過ごすことができます。

たとえば、朝食をいただく前後に、一日の計画をざっと確認するのも効果的です。10分、15分でかまいません。次の手順で計画を確認しましょう。

1．なんの制約もなかったらどんな暮らしをしたいか（心躍る未来像）を思い描く
2．今日一日を終えたとき、どんな気分でどんなことを感じていたいかを思い描く
3．そんな一日の最後を迎えるためにも、「今日すべきことは何か」を書き出す
4．スケジュール帳を取り出して、もともと入っているアポイントと3．で確認した「今日すべきこと」を予定に組み込む

それから食事をするなり、出かける準備をするなりしてみましょう。一日の全体を確認しているので、行動にムダがなくなります。

また、本当はどうありたいかという「譲れない価値観」や「心躍る未来像」を思い描いた上で今日一日の行動を確認しているので、すべての行動があなたの価値観や未来像に直結するようになります。

一日の中の小さな行動の一つひとつが、あなたの「譲れない価値観」や「心躍る未来像」を実現するための一歩となるのです。

10分、15分の時間を費やすことで一日が見違えるようにイキイキと輝き出します。ごくわずかな時間が24時間にレバレッジ（テコ）をかけるわけです。朝の10分、15分は、チャーハンに一振りする塩、胡椒やウナギの蒲焼きの山椒のようなものになります。ぜひ、試してみてください。

10秒で行動する人は、「能力なんて皆ほとんど同じ」と考えている

「あの人は能力がある」

「能力の高い人材が欲しい」

「能力を発揮する前に人事異動で転勤になった」

など、仕事をする上で「能力」について語られることがあります。

能力のある人とない人。能力の高い人と低い人。もしも能力というものを客観的に測ることができたら人事部も楽ですね。世の中にはさまざまな能力の分析方法がありますが、長期間にわたる人材の成長と業績まで予測するのは困難です。

どんな能力も現場でいかに発揮するかで決まるわけですから、漠然と「その人の能力」などというものが測れるはずがありません。

10秒で行動する人は、能力があるとかないとかいうことは気にしません。気にしても仕方がないのです。

能力という言葉では、あまりにも漠然としすぎているのです。

10秒で行動する人は、具体的に考えます。

まず「心躍る未来像」から逆算して、必要な能力を考えるのです。

「心踊る未来像」をありありと思い描きます。そこで実現していること、達成していることを味わいます。そんな未来像が実現したならば、具体的にどんな能力が発揮されたのだろうか、と考えます。

「10万人規模のイベントが成功している」とするならば、そのイベントが実現するために必要な能力は何か？　と考えるのです。

関係者とのコネクションはあるか？

全体を構成する企画はどうだろうか？

動員するためのマーケティングはできているか？

スタッフのマネジメント力は大丈夫か？

お金を工面する資金は大丈夫か？

など、「心躍る未来像」実現のために必要な能力を考えられる限り書き出します。

次に、仕事以外に自分の人生を楽しく生きるために必要な能力も書き出します。

たくさん出てきたはずです。その中で、必ずしも自分がこれから身につけなくてもいい能力を除外していきます。すでに身につけている能力も除外していきます。よくわからないものも残っているでしょうが、自分が身につけなければいけない能力と、ぜひとも自分が身につけたい能力をピックアップします。

その中から、「今すぐ必要な能力」と「時間がかかるので今から取り組んで身につけたほうがいい能力」をピックアップします。

ここまで来ると、かなり絞られたことでしょう。それらの能力を身につけるために今からできることを考えてください。今すぐにできるアクション、最初の一歩の行動を導き出します。

それが出たら、実行あるのみです。実行しましょう。

能力があるのかないのか悩むよりも、何が必要かを「心躍る未来像」から導き出し、最初の一歩の行動を特定して実行するのです。

10秒で行動する人は、「まずはやってみる」で生きている

私が新入社員だったころ、「うちの会社は、『走りながら考える』んだ」と教えられたのを覚えています。会社によっては、「考えてから走り始める」とか「石橋を叩いて渡る」など社風はそれぞれでしょう。

すぐに行動する人は、「まずはやってみる」ことに価値を見いだしています。

私がコーチングを学んだ平本あきおさん（株式会社イノベイティア代表取締役）は、「3割のデキでいいから、5倍のスピードで行動しよう」とおっしゃっていました。

大企業が社員に向かって「3割のデキでいい」と言ったり、お客様に向かって「うちの商品は、3割くらいの品質です」と言ったりはできないでしょうが、個人の行動指針としては、とても有効な取り組み方です。

「まずはやってみる」は、細分化された小さな一歩です。

細分化せずに大きな行動をしようとすると、いつまでたっても行動できない可能性があります。しかし、39度の熱を出してもできるような小さな一歩であれば、やらないよりもやってみたほうが気づきも学びもあります。

やってみて、違うということがわかれば撤退も早くできます。

できるだけ小さな単位まで行動を細分化して、「まずはやってみる」のです。

たとえば、簿記や外国語を勉強してみようか、というのであれば、簡単な入門書を読んでみるとか、ネットで調べてみるとか、すぐにでもできることをやってみましょう。

数年前に、事務所の近くのつけ麺屋さんの店員さんが、すべてミャンマー人であることを知りました。外国に対する憧れがあり、外国語を身につけたいと潜在的に思っていた私は、その瞬間にミャンマー語を身につけてみたいと思いました。

「毎日通って店員さんにミャンマー語を教えてもらえば、少しはミャンマー語が話せるようになるかもしれない」

そんなふうに思って、毎日つけ麺を食べに行き、ミャンマー語を少しずつ教えてもらいました。私の小さな一歩は、つけ麺屋に行くことだったのです。

そのうちにミャンマー語も少しずつ覚え、ミャンマー人たちと友好を深めていくと、ミャンマーという国自体に興味が湧いてきました。

こうなると現地に行ってみたくなるのが人情です。

私はついにミャンマーを訪れ、その後、何度も訪問することになりました。やがてミャンマーに関わる仕事をしたいと思うようになり、当時勤めていた会社を辞めるにいたりました。

今では、日本人シンガーのミャンマーでの活躍を支援するとともに、日本とミャンマーの発展のために、ミャンマー人にコーチングを伝えていきたいと思っています。

ミャンマーに関わる私の「心躍る未来像」は、ミャンマー人コーチが、笑顔でイキイキとミャンマー人のお客様にコーチングをして、そのお客様がめざましい活躍をしているという状況です。私がその実現に関われたとしたら、この上ない喜びを感じることでしょう。

「まずはやってみる」ときに大事なのは、自分の直感です。

興味がある、ワクワクするといった感覚に従って、素直に行動してみてください。その感覚に従う前提は、「譲れない価値観」や「心躍る未来像」が明確になっていることです。

「譲れない価値観」や「心躍る未来像」が明確になっていれば、自分の感覚を信じることができます。未来像や価値観に反するようなことには、心が動かされず、ワクワクすることもないからです。

直感に従って、まずはやってみましょう。直感にもとづく小さな一歩が、人生を大きく動かすのです。

Chapter 3

Change myself

第3章

行動する人になる10秒マインドチェンジ

「自分を変える」

「知る」「学ぶ」の次はいよいよ
「自分を変える」です。
自分の行動を決めているマインドを
変えましょう。
気分と視点を変えることで、
あなたのマインドが変わります。
マインドが変われば、
行動できる人になります。

10秒で行動するための「気分を選択する方法」

行動できないのも、行動しないのも、言ってしまえばすべて気分で決まります。

では本章では、どうすれば「気分」を変えられるのか、そして、行動から結果に変えられるか見ていきます。

気分を変えるのは簡単なステップで行うことができます。

そもそも気分とは、どういう状況であれ、気分は自分で選択することができます。

落ち込みたければ落ち込む行動をすればいいし、元気に行動したければ、気分を高めてあげればいいのです。


ただし、わかっていても落ち込んだり、感情をかき乱されたりするのも人間です。

そんなときの対処法として基本となる原理を説明しながら「気分を選択する方法」をお伝えします。次の通りです。

1. 気分は選択できる、と知る
2. 「感情表現の3要素（表情・動作・言葉）」で気分を切りかえる
3. 思い出すだけで気分が変わる
4. 思い描くだけで気分は変わる
5. 身の回りの環境を整えるだけで気分は変わる

順番に見ていきましょう。

まず「1. 気分は選択できる」です。

気分には、大きく分けて陰と陽の状態があります。陰陽というのは、便宜的な区分で、前向きと後ろ向きとか、行動を好む気分と好まない気分とかといった区別だと思ってください。

陽の気分……上向き、前向き、外向的、社交的、活動的、晴れ晴れ、行動したくな

る、元気になる、拡散、跳躍、前進、加速
陰の気分……下向き、後ろ向き、内向的、非社交的、鬱々、行動したくない、静か、落ち着く、収縮、静止、後退、減速

どちらかが良くて、どちらかが悪いという話ではありません。方向性が反対なだけで、どちらも大切な状態です。

この「気分」は、私たちの思考と行動にも大きく影響します。

リラックスして明るく快活な気分のときには、前向きな思考が生まれ、暗く落ち込んだ気分のときには、後ろ向きの思考になります。

ですから、まず「気分は選択できる」ということを知ることから始まります。

多くの人は、気分はコントロールできないと思っています。しかし、できるのです。

やり方は、次のステップです。「2.『感情表現の3要素（表情・動作・言葉）』で気分を切りかえる」ということを見てみましょう。

10秒で行動する自分になる「感情表現の3要素」のチェンジ

「気分」は、目に見えたり触れたりするものではありません。ですから、じかにコントロールするのは難しいのです。気分を変えるには、「気分」とつながりのある「感情表現の3要素」を変化させることで、変化させることができます。

「感情表現の3要素」とは、「表情」「動作」「言葉」です。

まずは、「表情」から説明していきましょう。

悲しい気分になると、悲しい表情になります。赤ん坊はよく泣きますが、悲しいから泣いているのではありません。お乳が欲しいとか、寝返りを打ちたいとかあらゆる意思を「泣く」ことによって表現しています。成長するに従って、笑う、泣く、怒る、喜ぶといった表現を身につけていきます。

つまり、顔の表情は、感情を表現するために鍛えられているのです。

悲しい表情をすれば、悲しくなくても悲しくなり、飛び切りの笑顔をつくると楽しくなる。この性質を利用するのです。顔の表情を変えて表情に連動した感情を導き出して、その感情にふさわしい気分を生み出すのです。

表情を変えたら、次に全身の「動作」も加えてみてください。

かつてシンクロナイズドスイミングのソウルオリンピック銅メダリスト・田中ウルヴェ京さんの講演を聞いたことがあります。次のように話をしていました。

「シンクロの選手が胸を張って笑顔で入場行進するのを見て、『試合前によくあれだけの笑顔ができますね』と驚かれることがありますが、逆なのです。一所懸命笑顔をつくって胸を張って歩かないと、プレッシャーに押し潰されてしまうんです」

シンクロの選手は、試合にふさわしい気分をつくるために、あのような表情と動作をしていたのです。トップアスリートは動作や姿勢が気分をキープしたり、高揚させたりすることを知って、実践しています。

私たちも、動作や姿勢次第で、味わいたい気分を生み出せるのです。

私の場合は、二の腕の力こぶが出るように肘《ひじ》を直角に曲げて、握った拳《こぶし》を上方に突き上げる動作をします。ガッツ石松さんのガッツポーズです。これをすると、勇気がみなぎります。

人によって違いますので、あなたの気分が高揚するポーズをとってみてください。


そして「言葉」です。

その言葉を口にするだけで、勇気が湧いてくる言葉を声に出してみてください。

私の場合は「やったー!」と叫ぶだけで、何が「やった」なのかわからなくても、「やった」気分になってしまいます。人によっては「良かったね!」「すごいね!」「うれしい!」などさまざまでしょう。

自分の気分が高揚する言葉を探してみてください。


このように、「感情表現の3要素(表情・動作・言葉)」のすべてを変化させると、それだけで、あなたの気分は一変します。

だめ押しに、大笑いしたら、いやな気分は一気に吹き飛びます。
笑った瞬間、ふっと心が空っぽになるのを体験するでしょう。
これが白紙の状態になれた瞬間です。
この時間をとることで、気分は簡単に変えることができます。

思い出すだけで気分が変わる

次は「3.思い出すだけで気分が変わる」です。

ちょっと実験してみましょう。怒りたい状況で笑ってみる実験です。

まず、腹が立ったときのことを思い出してください。昔のことでも、最近のことでも結構です。「お釣りを間違えられた」とか、「料理の注文がすっぽかされていた」とか、どんなことでも構いません。

思い出してだんだん腹が立ってきたところで、大笑いしてください。できるだけ大げさに、声を上げて笑ってください。


いかがでしょうか。

腹立たしい気分はどこかにすっ飛んでしまいませんでしたか？

もう一度、腹立たしい気分に浸るには、腹の立ったエピソードを思い出さないと無理だと感じるはずです。

そして同時に思い返してみてください。

この文章で私が、「腹が立ったときのことを思い出してください」と書き、それに忠実に従って腹の立つエピソードを思い出した方は、だんだん腹立たしい気分と怒りの感情が芽生えたのではないでしょうか？

あなたは今、この本をお読みになっているのであって、決して腹の立つことが目の前に展開してはいませんでした。

それにもかかわらず、あなたは腹立たしい気分を味わっていたのです。

気分は、エピソードを思い出すことで、呼び起こすことができます。つまり、過去の体験を思い出すだけで気分を変えることができるのです。

思い描くだけで気分が変わる

次は「4．思い描くだけで気分が変わる」です。

最高の気分をつくるにはどうしたらいいのでしょうか？

コーチングのセッションでは、これまでのいろいろな場面を思い出してもらいながら、問題を考えてもらいます。実際に経験したこと以外でも、未来のことや他人の気持ち、その場の状況を俯瞰して見える風景なども思い描いてもらいます。

これが冒頭でご説明した、視座（ものを見る「視点と立場」）の転換です。

これを行うと、あっという間に気分が変わります。

あなたもこの視座の転換は体験しているはずです。たとえば、映画を観たあとは、何か気分が変わっていませんか？　アクション映画を観たあとと恋愛映画を観たあとでは、それぞれ異なる気分を味わっていることでしょう。

それと同じです。脳が何かを見ると、気分は簡単に変わってしまいます。

映画はフィクションで、自らの人生に起きたことではありません。それにもかかわらず、大いに気分が変わるわけです。

あなたの人生のありたい姿「心躍る未来像」をありありと思い浮かべると、気分は変化し始めます。

コーチングセッションでは、クライアントさんに「心躍る未来像」をありありと思い描いてもらいます。

すると、皆さんうっとりと良い表情をします。とても気分が良くなるそうです。

そう、自分の人生で思い通りになった場面を想像するのは、下手な映画を観るよりもよっぽど気分が良いものです。

私たちは、自分の「心躍る未来像」を思い描くだけで、ものすごく気分が上がります。最高の気分を生み出すことができるのです。

気分を上げたいとき、ビジネスで大成功している姿、南国のリゾートでリラックスしている自分の姿などを、ありありと夢想してみてください。

身の回りの環境を整えるだけで、気分は変化する

最後に「5．身の回りの環境を整えるだけで気分は変わる」です。

気分というのは、環境によってでも大きく影響を受けてしまいます。嫌な友人と一緒にいれば、気分は下がるし、自分の身の回りがゴミだらけなのと、きれいな状態では、大きく気分が違うでしょう。

つまり、環境を変えることで、「気分」を変えることができるのです。

職場で辛い思いをして、爆発しそうになったら、どうしますか？

その場でゴミ箱を蹴り飛ばしたり、上司を殴ったりするわけにはいきませんよね。

そのとき、環境を変えることで、気分と感情をコントロールしてみましょう。

まず、最初は「場所を変える」です。自分の気分を変えたいのなら、10秒でかまいませんので、ちょっとその場を離れてみてください。トイレにでも行くふりをし

て、屋外の空気を吸ってもいいですし、ちょっとトイレの個室に入って、気持ちを落ち着かせてもいいかもしれません。

その場所や空間に刺激のもとがあります。その場所に居続けると、感情がかき乱され、気分が落ち込むなら、その場を離れてみるのです。

突発的な怒りに対してはそのように対処するといいでしょう。

長期的な気分転換ならば、デスクの環境を変えてみてください。気分の良くなる小さなものを置いておきましょう。自分の好きなマウスパッドや卓上カレンダー、文庫本を置いたり、パソコンの壁紙や鞄や服などを替えたりして、あなたがあなたらしくいられる環境づくりをしましょう。

環境は非常に重要です。今いる場所が、ホームになれば、自分の最高のパフォーマンスを発揮できます。自分のデスクが、気分の良い空間になれば、会社に行くのも楽しくなるはずです。

自宅で鬱々《うつうつ》とした気分に包まれてしまったら、部屋の整理をして、部屋の雰囲気を変えることで自分の感情を変えるのもいいでしょう。

環境を変えると、気分も変えられる

その場を離れてみる

トイレで気分を変える

デスクまわりを整理し、
好きなものに囲まれる

やるべきことを俯瞰する10秒間の「視座の転換」

行動して結果を出す人は、自分の行動だけを仕事だと捉えることはしません。必ず、関係者全体を俯瞰して、社会的な影響関係の中で、どのように作用するのかを考えて行動します。

全体を俯瞰する癖をつけておくと、仕事に取り組むだけでは見えてこない「盲点」や、ムリ・ムダ・ムラを発見することができます。

「自分の仕事」に集中したいのに、それを「妨げる仕事」を押しつけられていると感じている人がいるとします。たとえば、次のような人です。

「こんな書類、なんで出さなきゃなんないんだよ。営業の効率が落ちるのに」

「報告書類ばっかりだなあ。営業に出られないよ」

そんな人が、「全体を俯瞰する」をできるようになると、その「仕事」の存在意義を理解することができます。

報告書ひとつをとっても、「営業からの情報を事業本部が吸い上げるのは、今後のやるべきことを明確にするための情報収集」。その意味合いを理解したとき、必要な仕事であるとわかります。

すると、自分たちも当事者である、という意識が生まれます。

「もっと貢献するために、収集した情報をどう活用しているか、フィードバックしてほしい」そんな提案を会社にすることもできるかもしれません。

さらに「自分がもっと上の立場になったときに、非効率的な情報収集のやり方をあらためるために仕組みを考えてみよう」とか、「今からもっと優れた画期的な仕組みを提案してみよう」という取り組み方もできるかもしれません。

全体俯瞰をするのは、実に簡単です。会社員の方であれば、自分の上司、そのまた上司、部長、社長と職位を下から上にあげながら、その人たちの立場に立って、彼らが仕事や業務に対して「何をどう感じているのか」を想像してみるのです。

そこで『全体俯瞰のための「視座の転換」ワーク』を行ってみてください。

2メートル四方の場所があればできるワークです。

まず、2メートル四方の正方形を「横軸」と「縦軸」を交差させて十字に区切ります。実際に床に線を引けない人は、イメージでも構いません。

次に、A4用紙を数枚とペンを用意します。横軸の一番右端には「お客様」、その左隣に「商品」、その左隣に「自分」、その左隣に「部長」、その左隣に階層が上の「上長」、一番左端に「社長」とペンで書き、その紙を置いていきます。

それから、縦軸の一番上の視座には「全体俯瞰」と書いた紙を置き、一番下の視座には、「無関係な第三者」と書いた紙を置きます。

それができたら、一つひとつの用紙のそばに立って、その視座を体感していきます。本人になりきって、普段どんなことを感じているのか、具体的にありありと想像します。

全体俯瞰のための「視座の転換」

①2メートル四方のスペースがある場所を見つけ、横軸と縦軸をイメージする

②A4用紙に自分と関わる人やものなどを書いて、横軸に並べる

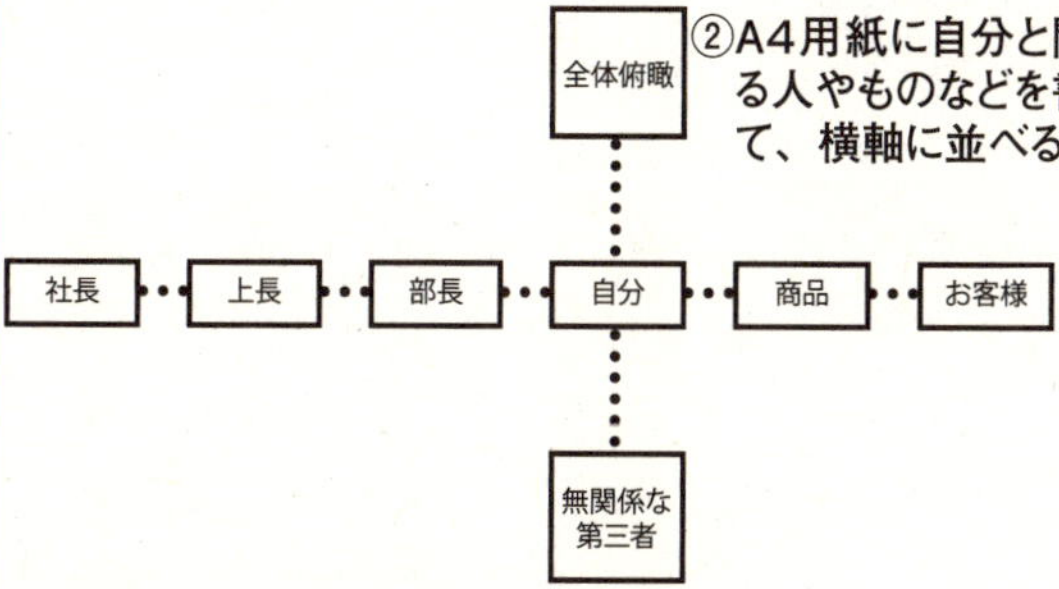

③縦軸は、上に「全体俯瞰」と書いた紙を置き、下に「無関係な第三者」と書いた紙を置く

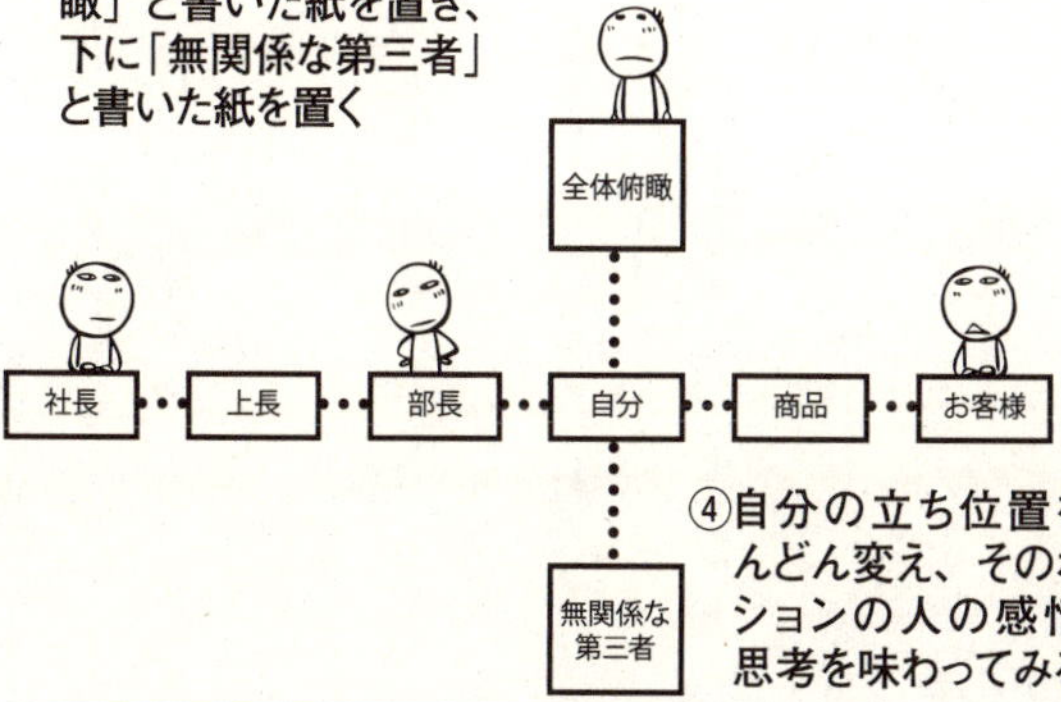

④自分の立ち位置をどんどん変え、そのポジションの人の感情や思考を味わってみる

上司など身近な人の場合は、立ち居振る舞い、話し方、癖なども真似してみてください。それぞれの視座を味わって感じたことをメモしていきましょう。

全体俯瞰の視座、無関係な第三者の視座を味わい、視座と視座の間を行ったり来たりしながら、全体の状況を味わいましょう。

最後に、もう一度自分の視座に戻り、あらためて自分の「仕事」にどういう意味合いがあるのかを考え、そこで気づいたり感じたりしたことをメモしてみましょう。

このワークをやる前とはまったく違った意味合いを発見しているのではないかと思います。新しいアイデアも出てくるかもしれません。

今ここに集中するために、10秒でいらないものを捨てる

10秒で行動する人は、今のこの一瞬一瞬に集中しています。そして、今できることは「小さなことだけ」ということを知っています。今の限界を知っているからこそ、やっていることがあります。

それは「いらないものを捨てる」ということ。

今できないことや、今は取り組むべきでないことをどんどん捨てるのです。

いらない仕事、いらないもの、いらない時間……などのムダなものです。

いらないものがあると、今できることの邪魔になります。

なぜなら、一日は24時間、自分が自由にできる時間や空間には限りがあるからです。新しいことを始めるためには、スペースを空けないと、新しいスタートは切れません。

まず、時間から考えてみましょう。なんとなく続けている習慣や、ついついやっ

てしまう不要な行動を捨てる必要があります。

たとえば、帰宅後にテレビをぼんやり見る、フェイスブックなどのSNSばかり見ている、目的のないネットサーフィン……など。生活の習慣をチェックしてみると、無意識のうちに大きく時間を取られているものがあるはずです。

習慣化されているものは、やめようと思うだけでは、なかなかやめられません。

大事なのは「捨てる意識」を持つことです。

いらないものを捨てると、時間的な余裕を確保できます。


空間的には、部屋にある不要なものを捨てます。古い書類、古い本、古い服……などが出てくるでしょう。スペースができてくると、新しいものを収めるスペースができるので、新しい行動がよりやりやすくなるのです。

仕事で考えても同じです。新しい仕事に就くためには、古い仕事を辞めなければなりません。私も新しい人生を切り開くために、22年勤めた会社を辞め、コーチとして独立しました。

今に集中するために、不要なものは捨てましょう。

しかし、「捨てるのがもったいない」という気持ちが頭をもたげるかもしれません。「苦労して手に入れたもの」「なかなか手に入らないもの」であればなおさらです。

本当に必要なものを残すのであって、「必要なものを捨てましょう」というのではありません。言葉の通り、不要なものを捨てるのです。

それどころか、こんな考え方もあります。

オカタヅケコーチ・大平朝子さんは、「捨てるのではなく、あふれかえったものの中から、心がときめく宝物を探し出すのだ」と言いました。

「捨てるために片づける」と考えるとちっとも心が喜びません。しかし、「宝物を探し出す」と考えれば、まったく意味が変わります。

現在アメリカで大ブレイクをしている近藤麻理恵さんの『人生がときめく片づけの魔法』なども参考にして、「捨てる」を実践してみてください。

「捨てる」からこそ新しいスタートが切れるのです。

10秒間のマインドチェンジで、不安をいったん脇に置く

「不安」をいったん脇に置くテクニックをお伝えします。これは、ヘミシンクという音響技術を使ったメディテーション・システムで、瞑想をする前の準備段階で行うテクニックを応用したものです。不安や雑念をいったん脇に置いて集中力を高めることができます。

不安を取り除くマインドチェンジの箱

1. まず、深呼吸をしてリラックスしてください
2. 目を閉じて、目の前に頑丈な箱があると想像してください
3. その箱はどんな形のものでもかまいません。頑丈なフタがついています
4. フタを開けると、箱の中は底なしで、どんなものも収納できてしまう4次元ボッ

クスのようになっています

5．今、不安に思うもの、リスクに対する思いなど、あなたのチャレンジを妨げるもののすべてを箱の中に入れてください。個々の不安を思い出す必要はなく、すべて箱の中に入れた、というイメージを描いてください

6．箱のフタを閉じたら、その箱を遠くに押しやってください

これで完了です。あなたのチャレンジを妨げる一切の雑念が、箱の中に収納されて、心の中のどこか遠く、最適な場所に収まったというイメージを描いてください。

そして、この箱は、いつでも必要なときに手元に引き戻し、フタを開け、中身を取り出すことができます。そして取り出すときには、すでに不安は不安ではなく、あなたを勇気づける温かいエネルギーに変換されていると思ってください。

不安をいったん箱の中に入れると、その不安は不思議な力で勇気に変わるという魔法の箱というイメージです。チャレンジに向かう気持ちが揺るがなくなります。

不安を取り除くマインドチェンジの箱

①深呼吸をしてリラックスする

②目の前に頑丈な箱があるイメージをする。箱には頑丈なフタがついおり、どんなものも収納できてしまう 4 次元ボックスのようになっている

③不安な思い、リスクへの思い、恐怖…などすべてを箱の中に入れる

④箱のフタを閉じて、その箱を遠くに押しやる

箱はいつでも開けられ、
良いエネルギーに変換される

10秒間、「今ここ」に集中する

行動できる人は、「今ここ」に集中しています。では、そのときの気分とはどういうものなのでしょうか。

一言でいえば、楽観的です。過去や未来にとらわれず、今を楽しみ、あらゆる変化を受け入れ、いつでも行動のできる心の状態で、常に安定しています。川や池の水にたとえれば、常に淀まず流れている「フロー」の状態です。

これを武道では「居着かない状態」と呼びます。敵はどんな攻撃をしかけてくるかわからない中、きっとこうくるはずと構えていると、そうならなかった場合に命取りになります。そうではなく、常に変化できること。それでいて安定していること。どんな攻撃にも変化し対応できるとともに、自らどんな変化も起こせる態勢。

それが「居着かない状態」と呼ばれ、重視されています。

まさに「今、ここ」に集中しつつ楽観的である状態です。

コーチングにおいては、お客様のお話を先入観なく傾聴する、「白紙の状態」と呼ばれています。先入観は、思い込みや決めつけであり、あらゆる可能性に心を閉ざしてしまいます。お客様のあらゆる可能性を開くために、白紙の状態であることが重視されているのです。

行動できる人になるには、自分のあらゆる可能性に心を開いていなければなりません。

ビジネスにおいて、事業を推進していくためには楽観的な気持ちが欠かせません。スコットランド移民の子から、鉄鋼王となり、アメリカンドリームの代名詞ともなったアンドリュー・カーネギーも「明るい性格は、財産よりも尊いものである」と言っています。

楽観的であるとは、過去にこだわらず、未来の不安に押しつぶされず、「今、ここ」に集中している状態です。だからこそ大胆な決断、大胆な行動もできるのです。

では「今、ここ」に集中し、楽観的になるためのエクササイズをご紹介します。

これは、10秒間だけ心を白紙にして、「今、ここ」に集中するエクササイズです。

10秒間で心を空っぽにできるなら、こんなに楽なことはありません。

10秒間の楽観的な白紙状態を味わうエクササイズ

1. 目を閉じて数回深呼吸します
2. 「不安を取り除くマインドチェンジの箱」（P122参照）で雑念を箱に入れます
3. 何の制約もなかったらどんな生活をしたいのか、「心躍る未来像」をありありと思い描きます
4. 十分に思い描いてうっとりしたと思ったときに、その想像を終えます
5. 1から10までゆっくり数えながら、呼吸に意識を向け続けます。このとき、特に何も考えようとせず、空気の出入りする感覚や呼吸の音に意識を向けます
6. 10まで数え終えたら、この時間を過ごせたことに感謝の気持ちを起こしてください。心の中で「ありがとうございます」と唱えるのも有効です
7. ゆっくりと目を開けます

このエクササイズを行うと、10秒間の楽観的な白紙状態を味わうことができます。

1から10まで数えている間に、呼吸に意識を向けるのは、呼吸こそ「今、ここ」に起きている変化だからです。

このエクササイズを、毎日実践し、楽観的であるという意識状態がわかるようになれば、いつでも楽観的な気分を味わうことができるようになります。

「今、ここ」に集中し、楽観的な気分で、どんどん行動していきましょう。

過去の失敗・記憶は10秒で書き換えられる

これまでの人生はすべて過去のことです。

一瞬、一瞬の間に現在は過去になり、未来も次々に現在として経験し、過去に変《へん》貌《ぼう》していきます。未来については現在の行動で変えることができますが、過ぎてしまったことは変えることができません。

しかし、過去の出来事や経験についての「解釈」は、変えることができます。

自分の犯したミス・失敗も、その後の教訓として二度とその失敗を繰り返さないようにすれば、「過去の失敗も学びの経験」と、書き換えることができるのです。

過去は終わったことだからこそ、現在と未来に活かしていきましょう。

では、どのように活かすことができるでしょうか。

ひとつは、気分をコントロールする素材にすることができます。

楽しかった思い出や、感動した出来事などを思い出すと、そのときの気分がよみがえります。

たとえば温泉につかりゆったりした記憶を思い出して、浸ってみてください。今、温泉に入ってもいないのに、ゆったりとした気分になり、リラックスしてくるはずです。

今、味わいたい気分を過去の出来事から探して、詳細に思い出すだけで気分はコントロールできるのです。

もうひとつは、過去から教訓を引き出すこともできます。成功体験でも失敗体験でも、その体験から学んだことを言葉にして書き出してみてください。それをすることで、その体験は現在と未来に活かすことができます。

教訓の取り出し方は、以下の通りです。

1. 体験をエピソードとして思い出す
2. その中で、その体験を象徴するような一瞬の場面を思い出す

3. 場面の中に今、自分がいることを想像する
4. その場面で見えるもの、聞こえるもの、体で感じるものを確認する
5. あらためてその場面をありありと想像し、味わってみる
6. 味わいきったら、あらためて体験が教えてくれたことは何か自問自答してみる
7. 教訓を一言、二言の文章にまとめてみる

こうして教訓を引き出して、ノートや手帳に書いておきましょう。それをたまに見たり読んだりすることで、教訓を活かすことができます。

過去の体験は、成功であろうが失敗であろうが、あなたの現在と未来を支えてくれる貴重な財産なのです。

モチベーションの本質を知るだけで、やる気はコントロールできる

モチベーションは、よく次のような形で耳にします。

「部長にあんなことといわれたら、モチベーション下がるよねー」
「給料こんなに下がると、モチベーションも下がるよ」

日本では「モチベーション」という言葉は、他人によって左右されるものというニュアンスで使われる傾向があります。本書の冒頭では、そのような一般的な意味でモチベーションという言葉を使いました。

しかし、モチベーションの本来の意味は、「行動の理由・目的・原因」、あるいは「やる気の素」です。人の行動を「動機づけるもの」という意味です。

先のセリフでいえば、本当に下がったのは「モチベーション」ではなく、「やる

気」といったほうが正確です。

「モチベーション」という言葉を使うと、自分の「やる気」が下がったことを曖昧《あいまい》にしてしまうので要注意です。むしろ、潔く「やる気がなくなった」と認めて、ならばどうしようかと考えたほうが賢明です。

ここでお伝えしたいのは、**「やる気の素」を決めるのは自分次第。「やる気」を出すかどうかも自分次第**だということです。

他人の言葉や環境によって「やる気」が上がったり下がったりするのは事実でも、それに流されず、自分の「やる気の素」をしっかりと見つめ、自ら「やる気」を奮い立たせることが重要なのです。

モチベーションの誤解を解く10秒マインドチェンジ

では、「やる気の素」とは一体何なのでしょうか。

マネジメントするという立場から「やる気の素」を考えると出てくるのが、一般的にいわれるモチベーションです。

・カネ（報酬、賃金、ボーナスなど）
・ヒマ（休日、時間、休暇、働き方など）
・ポスト（地位、職位、権限、名声、名誉など）

これらはすべて雇用者が従業員に「やる気」を出させるために用意するものです。

これらを「外発的モチベーション」といいます。外づけの動機で、ダニエル・ピンクの言う「モチベーション2・0」です。

しかし、「モチベーション＝外発的モチベーション」だと思っていると、次のような誤解が生じます。

誤解1．モチベーションは、他人が与えてくれるもの
誤解2．モチベーションは、報酬で決まる
誤解3．モチベーションは、他人からの承認で上がったり下がったりする

モチベーションは「やる気の素」です。他人に与えられないと「やる気」にならないとか、「報酬」によって自分の「やる気」がコントロールされるという考え方になります。ほめられないと「やる気」にならない、というのも同じです。

しかし、私たちは、自ら「やる気」になることもあるはずです。なんの報酬もなく、誰もほめてはくれないような仕事でも、没頭して取り組んでしまうことがあります。自分の内からふつふつと湧き上がる「やりたい」とか「やってみたい」とか「面白そう」「やってやろう」という気持ちです。

モチベーションには、もうひとつあるのです。

それが「内発的モチベーション」であり、ダニエル・ピンクの言う「モチベーション3・0」なのです。

本人が「これは大事」「これは大好き」「こうしていると楽しい」と感じるのは、そのことに価値を認めているからにほかなりません。その中にある、これだけは譲れないと思えるほど強く価値を認める気持ちを「譲れない価値観」と呼びます。

そして、「本当はこうありたい」「こんな暮らしをしたい」「こんなことをしたい」という、考えただけでワクワクする未来の姿もあります。それを「心躍る未来像」と呼んでいます。

この「譲れない価値観」と「心躍る未来像」が内発的モチベーションの正体です。

10秒で結果を出す人は、モチベーションとは「やる気の素」だと理解しています。そして、「外発的モチベーション」よりも「内発的モチベーション」に従って自律的に行動します。

「やる気の素」である「譲れない価値観」と「心躍る未来像」を常に明確にし、自分のやる気はコントロールできるということも知っています。

だから、「モチベーション」を他人のせいにしません。「やる気」を出したければ出し、すべきことには、自分の「譲れない価値観」に照らして「やる気」の出るアプローチを探します。

たとえば、雑務と思えるような仕事を与えられた場合、「勝負となると燃える」という方は、ライバルを設定したり、完了時刻の目標を設定して、それまでにできるかのタイムトライアルにしてしまったりすることで、「やる気」が出てきます。

人とのコミュニケーションや人間関係が楽しいとやる気になる人は、その雑務と思える業務で会話を楽しみながらやってもいいし、それを片づけることで助かる人の喜ぶ姿を想像しながらやれば、張り合いが出てくるでしょう。

また、ロジックやプロセスを重視するタイプの人は、その雑務の手順を最大限効率化する方法を考えてその通り実行してみると、満足のいく仕事になるでしょう。

自分の「やる気の素」を理解していれば、どんな仕事であっても、ワクワクしたり、楽しめたりするのです。

朝10秒行動するだけで、結果を出せる人になる

朝早く起きて、出勤などの前に十分な時間をとれる方は、アウトプットの時間にしてみてはいかがでしょうか。

オススメなのが、「朝、言葉をアウトプットする」という方法です。

ここでいうアウトプットには、「内向きの言葉」と「外向きの言葉」の2種類があります。内向きの言葉は他人に見せないことを前提に書くもので、外向きの言葉は他人に読ませることを前提にした言葉です。

朝の時間、まずやっておきたいのは、「内向きの言葉」です。

今は、ブログやフェイスブックなどが盛んで、言葉を書くのは外向きの言葉が大半を占めている人が多いのではないでしょうか。そんな時代だからこそ、誰にも見せない前提で自分だけに向けて書く内向きの言葉は貴重です。

人目をはばからず書く言葉は、自分の内面を「見える化」することができます。

ジュリア・キャメロンの『ずっとやりたかったことを、やりなさい。』（サンマーク出版）という本では、毎朝必ずノートに3ページ分だけ、「内向きの言葉」（今、頭の中を流れている言葉）を書くことを推奨しています。それを彼女は「モーニング・ページ」と名づけています。

何か文章を書こうとしなくてもいいのです。誰にも見せないので、意味が通じなくてもいい。さらには、あとから読めないような字でもかまいません。

とにかく、その瞬間に思いついたことを思いついたまま書き殴るのです。パソコンではなく手書きで行いましょう。できれば、専用のノート、しかも大事にしたくなるような上等なノートがオススメです。

手書きで独白を行うようなものですので、「まだ眠い。指が動かない。昨日のテレビはつまらなかった。部長の言葉が気に掛かる」といった感じで書いてみてください。

毎日続けると、自分の感覚に自覚的になり、表現欲求が活性化されていきます。

自分は本当はどうありたいか、という感覚にも気づくようになります。早起きできる人は「モーニング・ページ」を始めてみましょう。

朝の10秒で自分の心と体を診断してみよう

逆に、朝はギリギリまで寝ているので時間をとれない、という方もいるでしょう。

その場合、10秒だけ時間を使って、小さなテストをしてみてください。

このテストをすると、気分をチェックすることができ、その日一日を快適に過ごすことができます。

これは、**体の状態と心の状態を分けて把握する方法**です。

私たちは体調が悪いだけで気分がふさいだり、体調は良いのに気分が重くなったりします。現在の気分というのは、体の状態と心の状態それぞれが混じり合ってできているのです。

そこで、次のようにそれぞれをチェックしてみましょう。

1. 体の調子は10点満点中、何点？

2. 心の調子は10点満点中、何点？

体と心を分けて点数づけしてみると、現在の気分の正体がわかります。

「疲れているから体は2点だけれども、心だけを見てみれば、7点。そうか、疲れているだけなんだな」

というように、自分の状態を客観的に捉えることができます。

体と心が渾然《こんぜん》一体となって、なんとなく気分がふさいでいる、などという状態を避けることができます。

逆に、体は10点だけれども、心は2点という場合、気持ちがふさいでいるなら、その気分を味わうのもいいでしょうし、気分は選択できるのですから、表情と動作と言葉など、気分をコントロールする方法を使って、一日を始めるのもいいでしょう。

10秒間の「視座の転換」で、視野を広げてみる

迷いや悩みを晴らしていくためには、視野を広げることが重要です。「視野を広げる」というのは、自分の視座だけにとどまっていないことです。自分の目の高さより、高い視座から自分の行動を見てみる。他人やほかの部署、お客様、地域や社会、日本やアジア、世界の観点から捉え直してみるのです。

空間だけでなく、過去や未来という視座からも見てみましょう。

「この仕事が完了したら、その後どうなったらいいのかを考える」

「将来の自分から課題を考えてみる」

「将来の関係者の視座から課題を見てみる」

実は、視野を広げるというのは、難しいことではありません。想像力を働かせて十分に他人になりきって、その人の視座からものを見ればいいのです。

他人の視座に身を置くにはコツがあります。

たとえば、あるプロジェクトに関わっている場合、

1. プロジェクトに関わるメンバーの数だけイスを用意する
2. メンバーの人間関係を感覚的に表せるようにイスを並べてみる
3. 自分のイスに座り、今のプロジェクトについてどう感じるかをチェックする
4. ほかのメンバーのイスに座って、その位置からプロジェクトがどう見えているか一つひとつチェックする
5. 今度は、イス全体が見渡せる位置に立ち、プロジェクト全体をチェックする（これが全体俯瞰の視座）
6. これまでのプロセスから気づいたことをメモしておく

一つひとつのイスが、メンバー各々の視座なのです。実際にイスからイスへ座り直して、他人の視座を想像上で体感することが大事です。これまでに見えていなかったものがたくさん見えてくるはずです。

10秒間の「視座の転換」で、他人の心がわかるようになる

人間関係のトラブルがある場合にも同じように、関係者の視座を味わってみましょう。関係者の数だけイスを用意し、一つひとつ座って、その人の感覚を味わい、課題を考えていきます。

自分のことも他人の視座から見てみましょう。すると自分の意外な姿に気づくことがあります。

このように、実際に自分の立つ位置、座る位置を変えて課題を考えてみるだけでも、視野は大きく広がります。ぜひ試してみてください。

視野の高度と広さを拡大していくのです。時間軸を広げ、生活圏を広げ、他人の視点を取り込んでいきます。

もしも目の前の仕事に行き詰まって迷いや悩みを抱いたら、できれば声も出しな

がら、大きく伸びをしてみましょう。

座っていたなら立ち上がり、座っていた自分の席が見える位置に立ってください。そしてあなたが信頼し、尊敬している人のことを思い出して、その人の考えそうなことを思い浮かべてみましょう。

十分に想像してから、席に座っていた自分の後ろ姿のあたりを見てください。信頼する他人の目から見たら、どんなふうに見えるでしょうか。

次に、席からもうすこし離れた地点に立って、その仕事の関係者になりきって自分の姿を眺めてみてください。

さらには、上司の立場から見てみたり、未来の自分から見てみたりするのです。

想像の上でどう見えますか?

そのうちに、もやもやしていた霧が晴れるように、問題の答えが見つかったり、解決の一歩を踏み出したりすることができるようになります。

結局「今すぐ動く」意識が人生を変える

どれだけ自分自身の気分や視座を変えたとしても、変わらず大切なことがあります。それが「今すぐ動く」という意識です。

もちろん「すぐに動く」ことに対して、反対意見もあるでしょう。

「必ずしも今すぐ動けばいいというものではない。動かないほうがいい場合もある」

「よく考えてから動くほうがいい」

たしかにそうでしょう。すぐに動いて、失敗してしまっては意味がありません。

しかし、すぐに行動しない場合でも、大事なのは「今すぐ動く」意識です。

直感で行動せずに、よく考えた。その上で、「さあ行動だ！」と決意しながらも、結局「今すぐ動く」ができなければ、いつまでたっても行動を起こせません。

よく考えるにしても、結局は「今すぐ動く」というマインドが必要なのです。

いつだって「行動できるとき」は「今」しかありません。

「明日やろう」と決めるのも、今できることです。

先送りには、取りかかる期限を決めている「良い先送り」と、取りかかる期限を決めていない「悪い先送り」があります。

「今すぐ動く」と決めている人は、「良い先送り」のできる人です。先送りした予定日が「今」となったときに、すぐに行動できる人だからです。

逆に「今すぐ動く」ということが徹底されていないと、せっかくの「良い先送り」も、結局どんどん後ろ倒しになる「悪い先送り」になってしまいます。

「今すぐ動く」というのが、何も考えずにがむしゃらに行動することだと勘違いされる方がいるかもしれません。

もちろん、ただがむしゃらに行動するというのも悪くありません。行動の量が多ければ、学びも多く、ムダをものともせずに続ければ、きっと道は開けるでしょう。

ただし、時間は有限ですから、効果的な行動が必要になります。

そのため大切なのは、何も考えずに行動するのではなく、大局を見て最適な行動をすることなのです。

Chapter

4

Change others

第4章

結果につながる！ 周りを巻き込む10秒チェンジ

「周りを変える」

「自分を変える」ができたら
次は、「周りの人を変える」です。

行動して結果を出す人というのは、
自分だけでなく、周りをどんどん動かすことで、
結果を出しています。

自分一人でできることには限りがあります。
仲間、部下、上司、パートナー
にどうすれば行動してもらえるかを
考えていきましょう。

相手をコントロールするのではなく、相手の行動力を高める

どんな仕事であっても、仕事は一人でするものではありません。

お客様、お取引先、関連部署、上司や部下など、必ず他人と関係しています。ですから、自分一人では、仕事の結果は得られません。

「なんとしてでも成功させたい」とがんばっている場合、相手を意のままにコントロールしたくなるかもしれません。

相手が部下である場合、野放しにして統制が利かないと困るので、報告・連絡・相談を徹底して、管理しているという方もいらっしゃるでしょう。

しかし、結果を出す人は、相手をコントロールしようとしません。

相手を支配下に置き、コントロールしようとすると、自分にとって都合が良いか、そうでないかの視点からしか見られなくなります。すると、相手の持つ能力を制限

することになったり、結果的に相手が離れていったりしてしまうでしょう。

結果を出す人は、「相手の行動力を高めよう」とします。

自分の成し遂げたいことを、相手に協力してもらうために、相手の好きなこと、得意なことが活かせるような協力態勢を相手と一緒に考えるようにします。

こちらの「好きなこと」「得意なこと」と相手の「好きなこと」「得意なこと」は一致しないことがほとんどです。そこで、「俺と同じように感じ、考えろ」とやってしまうと、うまくいかないことが多いのです。

そういうやり方よりも、そもそも違う2人だからこそ、両者にとってともに満足のいく共通部分を探し出すことが大事なのです。

共通部分を探すというのは、

「相手がやりたくて、こちらがやってほしいこと」
「相手がやってほしくて、こちらがやりたいこと」

を探し出すことです。こうなると、やりたいことだけをやるだけで協力し合うことができます。

そのような協力関係を築くことができれば、自ずと相手の行動力は上がり、それがそのまま自分の課題実現を加速させることにつながるのです。

さらに、「相手は仲間である」と見たときに、相手はあなたの「他力」となり、あなたの課題実現を支えてくれます。

そして同時に、あなたはあなたで相手にとってその人の課題実現を支える「他力」となるのです。

ほめるのをやめて、「私メッセージ」で伝えると相手が動き出す

周りを動かすときに大切なのは、周りの人たちの「自信」です。

自分に能力がないと思っていたら、能力はないと同じこと。お金を引き出しにしまっていて、そのお金があることを思い出せなければ、ないのと同じです。

自分を信じることも大切ですが、あなたのビジネス上のパートナーや仲間が自信を喪失していたら、あなたの力も減殺《げんさい》されてしまいます。それでは、チームとして力を発揮することができません。

仲間が自信を喪失している状態は、あなたが力を発揮できないのと同義なのです。

仕事の仲間に対しても、できているところを数え上げて、仲間の自信を育てていってください。仲間も自信を持っていれば、必ず力を発揮します。

周りの人に自信を持ってもらうためにすることで、まず浮かぶのは「ほめる」と

いうことでしょう。

一般的には、「ほめて育てる」などといいますが、実は「ほめる」は万能ではありません。「ほめる」が有効な場合とそうでない場合があるからです。

「ほめる」は、上位者が下位者に向かっていうときにだけ、効果を期待できます。しかも、下位者が上位者の言葉を心から受け入れるときだけです。

たとえば、あなたが合気道の師範で、相手は入門したての初心者という場合、「その動き、いいね」といってあげたら、素直に喜び、どんな厳しいアドバイスであっても聞いてくれます。上司が部下をほめる場合も同様です。

しかし、あなたの仕事のパートナーは、必ずしも部下であるとは限りません。他部門の部長かもしれませんし、お得意先や協力会社であるかもしれません。

上位者と下位者という関係性ではない中で「ほめる」のは、注意する必要があります。下手に「ほめる」と、相手の感情を逆なですることにもなるのです。

そこで、「ほめる」かわりに、相手の自信を高める方法があります。それは、

相手のできているところ、素晴らしいところ、好感の持てるところを、あくまでも自分の内側に生じた気づきや感覚として指摘する

というものです。一般には**「私メッセージで伝える」**と呼ばれる方法です。
あなたの判断を伝えるのではなく、相手の行動を受け止めたあなたの心に伝わってきたことを相手に伝えます。たとえば、

「レポート読みましたよ。とても細かいところまで調べていて、勉強になりました。私も細かいところまで気を使って仕事をしていきたいと思いました」

このようにいわれて、いやな思いをされることはありません。もしもいやだといわれても、感じたのはこちらの勝手なので、相手は無視することはできても、「そんなふうに感じるな!」と文句はいえないでしょう。

自分の中に起きた良い影響を伝えるだけで、相手は自ら動き始めるのです。

10秒間、相手の良いところにフォーカスすると、人は行動してくれる

相手の自信を増やすためには、できているところ、うまくいっているところに意識を向けて、それを「私メッセージ」で伝えましょう。

しかし、現実は、「ここは直したほうがいい」という点に目が行ってしまい、開口一番に注意してしまう、ということもあるかもしれません。

指摘された側は、そのできていないところに注意が向き、その部分が心の中で大きく拡大されます。そうなれば、相手の自信は失われていきます。

注意点を指摘するときは、正しい順番があるのです。

仕事のパートナーと会話するにあたって、本人に気づきを促す5つのステップをご紹介しましょう。これはコーチングのプロセスをシンプルにしたものです。

1. 相手から、仕事の上で「うまくいっているところ」を話してもらう
2. そのあとで、相手の中で「うまくいっていないところ」を話してもらう
3. さらに、「うまくいっていないところ」の中でも、そうはいっても「うまくいっているところ」について話してもらう
4. そこまで話してから、あらためて、「改善したいところ」を話してもらう
5. 改善するために、「まず何から始めるか」について話してもらう

このような順番で、うまくいっている点、うまくいっていない点について、互いに合意をしながら、改善点についても話し合うことができたら、気持ち良く改善していこうという気持ちになります。

そうして相手は、自発的に行動していくようになるのです。

「不安感情の伝染」を防ぐために知っておくべきこと

あなたが不安に包まれていたら、それを言葉で語らなくても、周囲の人には伝わってしまいます。

あなたが他人の不安を感じ取ることがあるように、他人もあなたの不安を感じ取っています。どんなに虚勢を張っても伝わるものは伝わります。

だからこそ、不安を解消すべく、積極的に気分のコントロールをしていきましょう。

フセン（付箋）を使った解消法をお伝えします。最初に3色のフセンの束と大きな紙（たとえばA3サイズの用紙）を3枚（A、B、C）用意します。

① 不安に思うことをどんどん1色目のフセンに書き出します。フセン1枚につき、ひとつの不安を書く。書き終えたら、大きな紙Aに貼りつけてみる

② フセンを直感にもとづいて分類したり距離を変えたりして、しっくりくる位置にフセンを貼り直す

③ それができたら、大きな紙A全体を眺めてみる。そこでの気づきをメモに残す

④ 俯瞰して得た気づきをもとに、本当はどうなったらいいか考えて、思いついたことを2色目のフセンに書き出してみる。この新しいフセンを大きな紙Bに貼る

⑤ ②と同じ要領で貼り直してみる

⑥ 大きな紙AとBとを見比べて、AからBになるために何ができるかを考えてみる。気づいたことをメモしていく

⑦ 気づきをもとに、そのためにできる具体策を3色目のフセンに書き出します。そして大きな紙Cに貼ります

⑧ 大きな紙C全体を見渡して、解決するための具体的行動を導き出し、計画を立て実施していきます

不安を感じたらすぐに、向き合って、何をしたらいいか見つけ出し、行動することで、どんどん不安を解消していきましょう。

不安を解消するフセンのワーク

用意するもの

・フセンの束×3つ(3色あるとよい)
・A3用紙　3枚

①不安に思うことを1色目のフセンに書く(フセン1枚につき、ひとつの不安)

②それをA3用紙(A)に貼り、分類したり、並べ替えたりする

③全体を眺めてみる。そこでの気づきをメモする

④気づきから、「本当はどうなったら良いか」を2色目のフセンに書き出す

⑤それを2枚目の紙(B)に貼ってみる

⑥A3用紙の1枚目(A)と2枚目(B)とを見比べ、AからBになるために何ができるかを考える

⑦気づきから、具体案を3色目のフセンに書き出し、3枚目の用紙(C)に貼る

⑧3枚目の紙(C)を見渡して、具体的行動を計画に落とし込む

他人を本気で応援できる人が、周りの力を借りられる

うまくいっている人の話を聞くと、うらやましく思ったり、なんで自分はうまくいっていないのだろうと思ったりしませんか？

しかし10秒で人生を変える人は、うまくいっている人の話を聞いたら、「よし！もっといけ！」と考えます。

プロゴルファー専門のメンタル・コーチ石橋哲哉さんが言っていました。

「一緒にラウンドしている選手のパットを見ながら『入れ！　入れ！』って思えないで、『入るな！　入るな！』と思う人は、自分のときにもうまくいきませんね。これは多くのゴルファーが言っていることです」

ゴルフはメンタルのスポーツだといわれます。

心のエネルギーは、自分に作用してしまいます。他人に対して「失敗しろ」と思ったとしたら、その気持ちは自分に返ってくるのです。

だから、自分がうまくいきたいと思っているなら、なおのこと他人を応援するメンタリティが必要になってきます。

日常の仕事の中で、どんどん人を応援していきましょう。応援するとはどういうことかといえば、次の3つの観点から接すること。これができるとそのままその人への応援になります。

・その人が、自身のことを好きだと実感する
・その人が、他人は信頼できると実感する
・その人が、「自分は他人の役に立っている」と実感する

目の前の人の「素敵」だと思えるところを、「私メッセージ」で伝えることも応援です。約束を守り、誠実に対応することも応援です。その人がやってくれたこと

に心から感謝してその気持ちを伝えるのも応援です。

また、本人の価値観を尊重し、その価値観にそった行動をその人がしているときに、その姿を見て自分の中に起きた良い影響を伝えるというのも応援です。たとえば、

「前から夢だったことをかなえるために努力していたあなたの姿は、私に勇気を与えてくれました。ありがとう」

と伝えてみるのも、そのひとつです。

応援のエネルギーは、直接自分に返ってくる場合もあれば、そうでない場合もあります。

それでも、みんなの応援のエネルギーは私たちの住む世界を豊かにします。むしろ、応援し続けることによって、自分が応援されていることにも気づけるでしょう。

誰かをコントロールするのではなく、互いに応援し応援される環境に身を置いたときに、真の手助けや周りの力をいつでも借りることができるのです。

相手を巻き込む3つのステップ

仕事の相手を巻き込む方法をお伝えします。

まず、大前提は、自分がオープンになることです。自分の強みも弱みも受け入れて、自分一人ではたいしたことはできないと理解しましょう。仕事上のパートナーがいてくれるからこそ、自分の課題が達成できる可能性が広がるのです。

そのつもりで人に接すれば、傲慢になることも、卑屈になりすぎることもありません。ともに手を携えられる人と対したい、という思いが強くなります。

自分がオープンになるというのは、相手と対等な関係を結ぼうとすることです。

これを大前提として「相手を巻き込む3つのステップ」をお伝えします。

ステップ1．相手の可能性を信じる

自分もそうであるように、相手にも限界がありますが、相手は自分とつながることによって無限の可能性を開きます。自分と組むことによって相手も世界に対してオープンになるのです。このことに意識を向けます。

相手のことを利用するような意識を持たない。どんな力を発揮してくれるのか興味津々になるはずです。

そのような意識で相手と話しながら、これまでに学んできたことは何か、実績は何か、今の仕事を選んだ理由は何か、どんな思いで仕事をしているのか、将来の夢は何か、興味を持って聞いてみてください。

その上で良いところを探してみるのです。可能性のあるところはどこか、すでに素晴らしいところはどこか探し出して、紙に書き出してください。

ステップ2．相手のやる気の素を尊重する

ステップ1で相手のことを知り始めました。さらに、相手の好きなこと、得意なことを聞いてください。人によって、何がやる気の素（モチベーション）になっているかは、聞いてみないとわかりません。

人のやる気の素は、大体3つに分類できるといわれています。これは慶應義塾大

学の高橋俊介さんの分類を参考にしたものです。

① 上昇・達成系のやる気の素
勝ちたい、上達したい、成長したい、達成したいという意欲

② 人間関係系のやる気の素
感謝されたい、人と仲良くしたい、社交が大好きという意欲

③ プロセス志向系のやる気の素
手順を守りたい、論理的でないと気が済まない、プロセスにこだわる意欲

多くの人はこの3つのやる気の素のうちどれかひとつが極端に強く、それ以外の2つはそれに比べて低いという傾向があります。

よく相手と話してみないと、どんなやる気の素が強いのかわかりません。そこで、

・これまでの仕事で良かったことと悪かったこと
・これまでの仕事上の人間関係について良かったことと悪かったこと

・これまで携わった業務で充実感を感じたこと

について聞いてみてください。相手が何に価値を見い出しているかが見えてきます。相手の「譲れない価値観」が見えてきたら、その価値観を尊重してください。

ステップ3．相手の関与を引き出す

相手の価値観が見えてきたところで、あなたが成し遂げたいこと、あなたが求めている分野の力、協力を求めていることなどを伝えてください。

そして、相手ならばどんな関わりができるかを一緒に話し合いましょう。相手の価値観を満たすような関わりはできないか、相手にとってもメリットのある点はどこか、相手が他人事ではなく自分事に思える点はないか、それを一緒に探してください。

相手にとって「渡りに船だ！」と思ってもらえるような協力のしかたを相手が発見できるように話を進めていきましょう。そのためには、とにかく先入観なく、相手の意見を聞き出すことです。

相手がノリノリになる関わり方を引き出しましょう。

「具体的にはどの点に興味がある？」「ほかにはどんな点に関わりたい？」「要はどんなことができたら、ワクワクする？」

と聞いていくといいでしょう。

この3つのステップを通じて、相手の自発的なコミットメント（関与）を引き出すことができたとき、相手は巻き込まれたという状態になります。

そして、ここまで価値観を共有するステップを踏んでいるので、同時にあなたも相手の価値観を理解し応援しようという気持ちが生まれているはずです。そのとき、あなたも相手に巻き込まれているのです。

別々の人生を歩んでいた他人同士が縁を通じて出会い、互いの価値観を尊重しながら目的を共有できたとき、一人では達成不可能なことも成し遂げられるようになるのです。

Chapter 5

Change my life

第5章 10秒でゴールに近づく思考と行動のコツ

「人生を変える」

最後は、「人生を変える」です。
行動できるようになっても、
人生のゴールに近づかなければ
意味がありません。

行動を「ゴール（夢）」に近づける
考え方と行動のコツをお伝えします。
行動力とゴールを結ぶことで、人生は大きく
変わり始めるのです。

人生を変える人は、ゴール設定は当たり前、その後のその後も設定している

人生を変える人は、現在地からゴールまでのプロセスも見渡して「見取り図」を描きながら行動をしています。さらにその上を行く人は、ゴール後のそのまたあとまで見渡して、「大きな見取り図」をもとに行動しています。

ある高校野球のチームは、大会に優勝するために、優勝したあとのことをありありとイメージする練習を重ねたそうです。

それは、大会の優勝をしたあとで、全校生徒と教職員が笑顔で大喜びをし、会場まで応援に駆けつけてくれた親御さんや商店街の人たちが、涙を流して喜んでくれている姿。さらにそれを見て、自分たちはなんて多くの人から応援されていたんだろうと気づき、自分たちが大声を上げながら涙を流している姿でした。

大会で優勝したその後を、臨場感たっぷりに思い描くのです。

それを毎日やって一つひとつの試合に勝ち抜き、優勝を勝ち取ったそうです。

コーチングのセッションでも、常に問いかけます。

「その後、どうなっていたらいいですか？」

ゴールは一見「終着点」ですが、そこで終わりではありません。ゴールには必ず「その後」があります。さらに、その後のそのまたあともあるのです。事後をしっかりと検討することで、「当面のゴールをどのように迎えたいか」が明瞭になるのです。

「一日一生」という言葉があるように、人生は一日、一日の積み重ねです。

今日一日をいかに過ごすかを考えるためには、明日、どんな朝を迎えたいかを味わう必要があります。そして、明日の朝をどう迎えたいかは、明日の夜、どんな気持ちで眠りについたらいいかを思い描いてみましょう。

そして、一週間が過ぎたあとで振り返ってみたとき、どんな一週間だったら心から満足できるかを考えてみます。

そうやって、その後、その後をどんどん追求してから、今日や今、何をすべきかを明確にしていきましょう。

人生を変える人は、「自分の目標」を持っている

ある営業マンと話していたときのことです。

「あなたの目標はなんですか？」と聞いてみました。

「そうですねえ、今月の目標は売り上げ５０００万円です」

さらに私は「その目標はどうやって決めたのですか？」と尋ねました。

「会社の年間目標から、部門の年間目標、月次目標、そして個人の目標へとブレイクダウンして決まったものです」

その方にとって、目標とは会社の目標だったのです。

「では、あなた自身の今の目標は何ですか？」

「えーっと……、よくわかりません」

「会社の目標はわかっているのに、自分の人生における目標はわからない」

これはよくあることです。多くの人は、目標とは他人が決めるものだと勘違いしています。自分の人生においては、自分の目標を持っていきたいものです。

個人事業主の方であっても、自分の事業の目標は持っているけれども、自分の人生の目標は明確でないことがあります。

10秒で人生を変える人は、仕事においても自分の主体的な目標を持つとともに、プライベートにおける目標も明確に持っています。

「今まで人生の目標なんて考えたことがない」という方は、10秒でいいので、ご自身に問いかけてみてください。

「何の制約もなかったら、本当はどこで何をしていたいんだろう？」

これを毎日続けていくと、次第にあなたの人生の目的や目標、「心躍る未来像」や「譲れない価値観」が明確になっていきます。

あなたは、あなたの人生の主人公です。他人に与えられた目標のみで生きてしまうのはもったいないことです。あなたの人生なのだから、あなた自身の目的や目標に従って生きていきましょう。

人に自分の夢を語っている人が人生を変える

あなたは子どものころ、夜中に見た夢を友達に話したことはありませんか？おもしろがって聞いてくれたり、あまり受けなかったり、語っている自分だけがドキドキしていたりしたはずです。もちろん、夜の夢だけでなく、将来の夢についても自由に語っていたでしょう。

しかし、大人になると、

「夢みたいなこと言ってんじゃない！」

と、夢は悪者扱いされて、たしなめられてしまいます。

夢は語るべきことではないのでしょうか？

その一方で、会社や組織の中では、日々、企画書を書いたり提案をしたりしています。お客様に対する提案もあれば社内の稟議書もあるでしょう。それらはすべて、いまだ実現されていないことについて、提案したり承認を受けたりする行為です。

いまだ実現されていない、実現したいこと。
それこそ夢ではないでしょうか?

私たちは、組織や他人の夢を常に語っています。それの実現のために常に働いています。その一方で、個人の夢は虐げられている。これはおかしな話です。

夢を語ることは、自分の思いを形にする第一歩です。

まだどこにも存在していないものを言葉で表現するのです。まさに「はじめに言葉ありき」です。言葉にし、人に伝え、思いに共鳴した人が、承認したり協力したり取引したりすることで思いは実現の道を歩み始めます。

成功者はもちろんのこと、自分の人生を変えてきた人は、必ず自分の夢を語っています。何度も語るうちに、自分の思いが練り上げられ、夢の精度が高まっていくことを知っています。同じ歌を何度も歌っているとうまくなるようなものです。

夢を語ることは、世界に対する提案です。

小さな子どもが「キャンディがほしい」と思い、お店に行って「これ、ください」と言うのと、なんら変わりません。店員は「50円だよ」と言うかもしれませんし、「これは売り物じゃないよ」と押し返してくれるかもしれません。それはお店からのフィードバックです。

夢を語ることは、世界に対して、

「私はこういう生き方をしたい」

と語ること。すると、世界は何らかのフィードバックをしてくれるはずです。反対する人もいれば、共感して応援してくれる人、協力してくれる人だって現れるでしょう。

夢を語ることがなければ、世界は何もフィードバックしてくれません。あなたの夢が大きければ大きいほど、大きな夢と同時に、そのためにかなえたい小さな一歩分の夢を語る必要があります。

「人類の人口爆発に備えて巨大な宇宙ステーションをつくりたい」という大きな夢と、「そのために、宇宙技術の開発者と話してみたい」という小さな一歩の夢。

夢を語って嫌がられるのは、大きな夢しか語らないから聞き手が「反応できないよ」というフィードバックをしている可能性があります。

どんな反応であっても、貴重な反応なのです。貴重な情報を得るためにも夢を語っていきましょう。

私自身の夢は、ミャンマーにコーチングのスキルを普及して、ミャンマー人コーチがミャンマー人の起業家や経営者、夢を実現したい人を応援している世界をつくることです。今後数十年間にわたる未曾有《みぞう》の経済発展が待ち受けているミャンマーで、心から人を応援するプロのコーチがたくさん生まれたら、きっとミャンマーは素晴らしい発展をとげることでしょう。これは私にとって大きな夢です。

そのために、私は今、人を応援したい気持ちの強いミャンマー人と出会いたいと思っています。これが小さな一歩分の夢です。

あなたの大きな夢と小さな一歩分の夢、ぜひとも聞かせてください。

10秒で気分を変えられる人は人生を変えられる

10秒間でできることは限られています。しかし、たかが10秒、されど10秒。10秒間だけでも人生は大きく変わります。

これまでに10秒でできる「気分を選択する方法」と「視座の転換」をお伝えしてきました。行動を変え、人生を変えるためのスイッチが、所要時間たったの10秒間の気分と視座の転換なのです。

いわば、気分を切りかえるのは、世界をどんな色眼鏡で見るのかを選びたいからです。気分がふさぎ込んでいたら、世界はどんよりとしたものに見えます。気分が晴れやかならば、世界は輝いて見えます。

あなたがかける色眼鏡はそれでいいんですか、という問いかけなのです。

視座の転換は、固定されて制限の多い視野を大きく拡大してくれます。視座が固定されていると、世界の本当の姿はつかみにくいはずです。制限のある視野は、行動を制限し、変化を産みにくくしてしまいます。

いくつもの視座を味わい、制限を抜け出して、本当はどうありたいのか、何を大事にして生きていけたらいいのかをあらためて問い直し、自覚的に選択する。そのために視座の転換が重要なのです。

気分を選択する方法も視座の転換も、あなたがあなたらしく生きるための方法です。真に自由に生きるために必要な最初の一歩なのです。

世界は、多面的です。決して一筋縄では捉えられません。

気分と視座を変えれば、世界はその姿を変えます。世界がどのように姿を現すかは、あなた次第なのです。

私たちは、この世に生をうけて、いつまで生きていられるのかを知りません。ある日突然この世を去らなければならないかもしれません。限りある命であり、しかもいつまで生きていられるのかわからない人生。ふてくされて時を過ごし、ふさいだ気分でいることも、さっぱりと切りかえて晴れやかな気分を味わうもあなた次第。あなたが味わう気分とあなたの選ぶ視座が、あなたの一生を決めるのです。

主体的に生きる第一歩は、自分の気分と視座を自分で決めることです。

「辛いときは辛い、悲しいときは悲しい」という感情を味わうことがいけないわけではありません。

大事なのは、「それを選ぶのは自分」だということです。

そして、自分で気分と視座を選ぶことができるということです。

あなた自身がどんな一生を過ごしたいか、そのために今どんな時間を過ごしたいか、ということに意識を向けてみてください。

常に気分と視座を自分で決めていけば、あなたの人生はいつでもあなたのものです。

他人の夢を楽しく聞けると人生が変わる

「将来こうしたい」とか「こうしたい」とほかの人が夢を語り始めると、「そんなの無理だよ」とか「現実を見ろよ」などとついつい否定してしまったり、からかったりしてしまうことはありませんか？

実はそんなときは要注意です。

他人の夢を否定するエネルギーは、あなた自身の夢をも否定してしまいます。

夢とは、思いを具体化したものです。思いがなければ、どんな商品もどんな建物もつくることができません。人間の思いなどなくとも育つのは自然のみです。人間のやることはすべて思いからはじまります。

他人から見てどんなにおかしな夢であろうとも、本人にとっては、とても大事な価値観が含まれているのです。

実現不可能な夢を語ったとしても、現実に即して行動していくうちに、実現可能なプランに修正されていくでしょう。だから、夢を語っている時点では、実現する可能性が低いからといって否定する必要などないのです。

人生を変える人は、そのことを理解しているので、他人の夢を一緒になって楽しく聞くことができます。それが実現したら、その本人にとってどんなに素晴らしいのだろう。そう思いながら聞いていると、自分もワクワクしてきます。

もちろん、あなたに他人の夢を実現する責任はありません。あなたにその夢を実現せよと言われているわけではないのですから、他人の夢からあなたの栄養になるものを引き出してみてはいかがですか。

たとえば他人の夢から学べることもあります。夢には他人の思考パターンや価値観が濃厚に含まれています。それらを取り入れてみると、思いもしなかった発想がうまれることもあります。

また、その人が実現したいというエネルギーを吸収してもいいですね。そんなに強い思いを持って活動しているのか、と感心し、心を重ね合わせて見たとき、あなた自身の夢に対する思いも強化されるに違いありません。あいつがあんなにやっているなら、俺だって！　という気持ちになるのです。

さらに、あなた自身の夢の実現と、その人の夢の実現がコラボレーションするとしたらどんなだろうかと一緒に想像してみてください。意外に、お互いに協力し合ったら、互いに早く実現できる道筋が見えてくるかもしれません。

夢とは、未来における可能性の宝庫です。他人の夢も自分の夢も、発想の源であり、創造エネルギーのエッセンスです。未だ実現していないからこそ、あらゆる可能性があり、あらゆる取り組み方が考えられるのです。夢を語るときに、頭から否定してしまうのは大変残念なことです。

夢を語るのは、目に見えない思いに形を与える第一歩。ともに大事にして、共感して、一緒になって夢を見ていきましょう。夢こそ、この現実を変革する重大な要素なのですから。

悩みや迷いを抱えなくなれば、人生は変えられる

世の中には、たくさんのチャンスがあふれています。

気がつかなければそれまでです。さらには気づいても行動できなければ、チャンスを逃します。

「今すぐ動く」という気概をもっているとチャンスを逃さず、前進していけます。

「チャンスに気づく」ためには悩みや葛藤、気がかりといったものを抱え込まないことが重要です。悩みや葛藤、気がかりをたくさん抱えていると、視野が狭くなり、チャンスに気づくことができません。

悩みを解消してリラックスできるように心がけましょう。

メンタルコーチングでは、クライアントさんの迷いや悩みを常に晴らしていきます。もしも身近にコーチがいない場合はどうしたらいいでしょうか。

自分を客観視できるように、紙やフセンに、自分の思いを書き出しましょう。

「見える化」するということは、自分を外から見るということです。メンタルコーチは、まさに自分を外から見てくれる人。コーチがいなければ、この本に書いてあることを自分に対してしてあげてください。

まず、これまでに述べてきたように前向きな気分を選択します。

その上で、悩みや迷いを書き出しましょう。ノートでもフセンでも結構です。それが人間関係に関することならば、複数関係者の立場に立って他人の視座をしっかりと味わってください。

その状況を俯瞰して、本当はどうあればいいかを自問してください。ありたい姿、「心躍る未来像」をとにかく具体的に思い描きましょう。

その「心躍る未来像」を体験して、状況を把握し、もっとも小さな行動を始めるのです。

ムダな行動なんてない、と考えると人生は変わる

「後悔先に立たず」というように、せっかく行動に移したのにそれが裏目に出たり、失敗したりすると、「ああ、ムダなことをしたな」と後悔するかもしれません。

しかし、ムダかムダでないかは、一概に言えません。

ムダだというのは、あるひとつの視座からの判断でしかないのです。視座の転換をすることで、多様な見方があることがわかります。行動や出来事ひとつとってみても、どの視座をとるかによって意味が変わってきます。

視座は無限にあります。

ということは、「行動や出来事の意味も無限にある」ということです。

ムダどころか、もっと深い意味や活用法を見い出すことだってできるのです。

たとえば、スティーヴ・ジョブズは、大学を中退したときに、カリグラフィー（文字を美しくみせる技法）に魅せられて、一所懸命にその技術を学びました。大

学からドロップアウトして、何のメシの種にもなりそうにないカリグラフィーに没頭したのです。ムダの極みだと言ってもいいでしょう。

しかし、ジョブズは、のちにその経験をＭａｃの多彩なフォントに生かしました。現在のＭａｃはもちろんＷｉｎｄｏｗｓであっても、多彩なフォントが標準装備されているのは、ジョブズがカリグラフィーを学び、コンピュータに「文字の美しさ」という価値観を導入したからなのです。

もしもジョブズが「カリグラフィーを学んだことはムダだった」と思って、顧みなかったらどうでしょう。

現在の私たちのパソコン環境は、今とまったく違ったものになっていたでしょう。コンピュータによるデザインについても、今とは異なる歴史をたどったに違いありません。一人の人生においてムダと見なかったことが、全世界に影響を及ぼし、文化を豊かにしたひとつの例です。

あなたの経験も、決してムダではありません。あらゆる視座から吟味《ぎんみ》してみれば、貴重なアイデアを抽出することができるはずです。経験をムダにせず、未来に活かすことを考えてください。

その一つひとつの積み重ねが、私たちの未来を豊かにしてくれます。

私たちがジョブズから恩恵を受けたように、あなたの経験から受け取れる未来を豊かにする種を、私は多大なる好奇心を持って期待しています。

そのような壮大な話でなかったとしても、やはり体験はムダにはなりません。

たとえば、苦労した体験、遠回りをした体験など、ご本人にとっては、悔しくムダだったと思えるようなことかもしれません。

でも、それを他人に語ってみてください。みんな身を乗り出して聞いてくれるでしょう。話し方によっては笑い話にも、美談にもなります。その苦労話をあなたの未来の夢実現のために、いかに利用するかはあなた次第なのです。

私のコーチングの師匠である平本あきおさんは、ホームレスになってしまったときに、落ち込むことなく、いかにしてこの体験を成功に至る美談にできるかを考えてワクワクしていたそうです。

端から見れば苦労をしている最中でさえそうなのです。過ぎてしまったことならなおさら、ムダにせずに利用できるはずです。

失敗をした体験も、ご本人にとっては思い出したくもないことかもしれません。しかし、同じようなことが未来に起こるかもしれません。あるいは後輩が同じ状況に陥る可能性もあります。

そんなときのために、失敗から教訓を引き出しておけば、自分にとっても2度目の失敗を防げますし、後輩にとっては、失敗を回避するために貴重な情報となります。

「これはムダな体験だった」と思った瞬間から、その体験は本当にムダな体験になってしまうのです。出来事や体験をムダにしたらもったいないです。

あらゆる偶然や出来事、体験は、振り返って教訓やエッセンスを抽出していくと、人生は限りなく豊かなものになっていきます。多様な視座から吟味する癖をつけていきましょう。

ジョブズは、Stay foolish と言いました。

ムダを恐れるよりも、ムダなんてないのだと開き直り、バカになってどんな体験も活かしてしまいましょう。

選択肢を持ちすぎないほうがゴールに近づける

選択肢は多ければ多いほど良いように思ってしまいます。しかし、そうではありません。

数年前、日本でも話題になった「選択行動」の科学的な研究によれば、選択肢が多すぎると、人は無気力になり選択できなくなるそうです。

逆に2択、3択、4択というように選択肢が適度に少なければ、選択しやすくなります。選択とは意思決定することです。

ただし、たくさんのアイデアもなければ、本当に革新的なアイデアを得ることができません。選択肢が多すぎると選べなくなる。しかし、質の高いアイデアを得るためには量が必要。これは、矛盾しているのでしょうか。

実は、アイデア創出のプロセスにおいては、量を出す段階と質の高いものだけに

絞り込む段階とを分けて考えればいいのです。

量を出す段階と質を高める段階です。

ブレーンストーミングは、量を出す段階に向いています。とにかく質を問わず、大量のアイデアを出します。次に、出てきたアイデアを分類したり、関連づけたり、統合したりします。

アイデアをいくつかのまとまりに分類してから、今度は実現可能性、コストの制限、顧客ニーズ、市場とのマッチングなどの条件でふるい落としていきます。

選別と絞り込みによって質の高いアイデアを残すことができます。そうすると適度な数の選択肢に落ち着くので、そこで初めて選択すればいいのです。

量を出す段階と質を高める段階を経て、少ない選択肢に絞り込めば、行動のための意思決定もしやすくなり、ゴールが近づきます。

仕事以上に大切なものを持つ人は人生を変えられる

成功を夢見て仕事をしていると、良いときもあれば悪いときもあります。

仕事にやりがいを持って働いているとき、仕事こそ我が人生とさえ思える瞬間を経験するかもしれません。

私は会社の中で新規事業のスタートアップ・メンバーとして働いていたころに、新規事業と自分の人生が一体化したかのような感覚を味わいました。チームで働いていましたが、まるで自分がその事業を育てている感覚でした。

そのころは「仕事＝人生」と感じていました。

しかし、それはただの錯覚で、結局、仕事は人生の一部に過ぎません。どんなに仕事に夢中になったとしても、どれだけ仕事に遮二無二になっていても、仕事以外の時間を確実に生きているのです。

また、志を立てて始めた仕事であっても、いつしか何のためにしているのかわからなくなってしまうこともあります。冷静に自分を見つめ直してみればわかるかといえば、そうでないこともあります。

たとえば、その仕事を選んだ理由は何でしょう。

「給料が高いから」

「花形だから」

「海外へ行けるから」

そのような理由で仕事を始めて、給料が高かったり、花形であることを実感できたり、海外へ行けているうちは、理由が満たされているのでいいでしょう。ところが、給料が下がり、花形職から異動して、しかも海外勤務から国内勤務へ変わってしまうと、その仕事をやる意味がなくなってしまいます。

そうすると、もう辞めるしかないのでしょうか？

その答えは、その仕事の中にはありません。

仕事を越える上位の価値観を吟味することによってしか、その仕事を続けるべきか否かを判断するすべはないのです。

どんな活動も、それ自体の意味と、さらに上位の価値観から位置づけられる意味とがあります。仕事の上位価値は、「人生における価値」です。

私たちは、いくら仕事に打ち込んでも、生活の中には仕事以外の時間があります。また、就労する前の子どものころと、リタイアしたあとの人生には、仕事以外の時間があります。

仕事以外の時間も仕事の時間もすべて、人生の時間です。人生を本当はどのように生きたいのか。それを吟味してみると、その人生の構成要素である仕事にどのように取り組めばいいかがわかってきます。

プライベートの時間、余暇の時間という捉え方をすると、趣味の話かと思う方もいらっしゃるかもしれません。趣味ももちろん含まれますが、総合的に人生全般をどのように生きていきたいのか、というあなたの価値観の話です。

その価値観に照らしてみれば、仕事についての結論を下すことができます。現時点で、人生における価値観がわからないという方は、自分が何に喜びを見いだし、何をしているときに没頭し、何をしているときに楽しいと思うのか。それを毎日ひとつ以上書き出して、実践してみてください。それを続けているうちに、自分はどんな暮らしをしたいのかが見えてくるはずです。

10秒で人生を変える人は、仕事以上に大切なものを持っています。

それは人生の価値観です。何の制約もなかったらどう生きたいのか、そして何を大事にしたいのか、譲れない価値とは何か、そういったものを常に明確に持っています。

私の場合は、世界の文化を吸収しながら、それを文章やお話の中で加工し、表現していきたいという思いを持っています。

そして出会う人すべてを勇気づけ、その人の表現を促進し、世界の文化が豊かになるように関わりたいと思っています。家族に対しては、一人一人が自分らしく生きて、自分の思いを世界に発信していきながら、楽しく豊かに暮らしていってもらいたいと願っています。

このような人生の価値観を抱きながら、現在の仕事をしています。

初めから、キレイにまとめて語れなくても構いません。仕事を越える人生で大事にしたい価値観を明確にしていってください。そうすればあなたの人生はより一層あなたらしく輝き始めるでしょう。

他人に気分を支配されない人になろう

本書全体を通じて、「気分は主体的に選べるのだ」ということを説明してきました。気分というのは、ごく普通に使っている言葉ですが、本書では、「意識の状態」とか「活力の状態」という意味で使用してきました。

気分という言葉を「気」と「分」であると分解してみます。

気というものがこの世界全体の活力とか、活動するエネルギーであるとしてみると、その「気」の分割された単位が気分であるというイメージが湧いてきます。

「私の気分」と言った場合、全世界のエネルギーを分有する私の気、しかも今この瞬間の活力の状態を示すのが「気分」だということになります。

世界全体の活力のうち、私の分担に預かっているのが「私の気分」です。

一人ひとりが自分の人生の主人公だと考えれば、自分の分担である「気分」は、しっかりと自分が担当しないといけません。他人に影響されて主体性を失ったり、支配されたりしてしまうのは本来のあり方ではありません。

気分は、10秒あれば切りかえられるのです。その方法をマスターして、いつも自分が味わいたい気分をキープしてください。

そして他人ももちろん人生の主人公です。彼または彼女の気分は彼または彼女の分担です。こちらが勝手に支配したり、強要したりしてはいけません。互いに尊重し合える関係を結びたいものです。

他人が、陰湿で後ろ向きな陰口をたたいていたとしても、受け流して、あなたはあなたのありたい気分をキープしましょう。影響を受けたとしても、そのたびに気分をリセットして、自分の味わいたい気分を取り戻してください。

取り戻すには、「感情表現の3要素（表情・動作・言葉）」の調整をすればいいということを説明してきました。

自分にとって最高の気分になることがいつでも大切です。

他人との関係においては互いの自主自律を尊重し合えるとき、私たちは同じフロアに立つことができます。私たちは、自分らしくあるだけで、自分の気分を世界に向けて発散しています。影響は必ず他者におよびます。

そのときに、もしも互いに共感し共鳴できるのならば、協力し合い、コラボレーションを楽しみましょう。まさにダンスです。主客が一体となり、どちらが主でどちらが客かわからなくなります。

そうして、渾然一体となっていくのです。そこに、相互依存関係が生まれ、相乗効果を発揮し始めます。このとき初めて、心の底から「わたしたち」といえる関係が生まれるでしょう。

ともに自主自律を重んじ、他人の権利を侵害せず、尊重し合い、高めあうことができれば、これにまさる喜びはありません。

ここまで本書をお読みになったあなたは、「譲れない価値観」を味わいながら「心躍る未来像」に向けて一歩ずつ前進することでしょう。あなたの活躍を心から応援しています。

むすびに

最後までお読みくださいまして、ありがとうございます！

本書は、さまざまな逆風を受けてめげそうになりながらも、自分らしい人生を切り開きたいと思い、希望を捨てずに頑張っているあなたのために書きました。

「気分と視座の転換」がこの本の核心です。あなたの夢の実現に役立つようにと思って書かせていただきました。

深層心理学の創始者であるC・G・ユングは、人生を午前と午後にわけて、

「人生の午後は個性化の過程だ」

と言いました。

人生の午前、つまり前半生は社会への適応が中心課題です。人生の正午を過ぎ、午後にさしかかると、「個性化の過程」が始まります。それは、自分らしく生きるためのプロセスです。

だから後半生においては、それまでのようにただ単に他人のいう通りにしていてはダメなのです。自分らしく生きて、なおかつ他人と協力しながら社会に貢献する。そのためのオリジナルな方法を発見し、実践する。それが「個性化の過程」なのです。

それは私自身のことでもありました。

会社に就職してから、営業職や企画職、新規事業の立ち上げ、仕入部門の契約業務などを経て、労働組合の専従書記長を4年、専従委員長を4年務めました。

労組役員として涙と笑いの中で人を応援することの楽しさ、素晴らしさを身をもって体験しました。専従委員長職を退任したあとに、職場に戻る道もありましたが、そのような気分にはなれませんでした。

いつしか「日本という枠にとらわれず、ミャンマーをはじめとする世界で活躍する人を応援したい」との思いが強くなっていたのです。そこで一念発起して、委員長職の退任と同時に会社を退職し、独立しました。

以来、日本とミャンマーで数多くの方と出会い、皆さんの夢の実現を応援してきました。コーチングという手法を使って、経営者やビジネスパーソンのみならず、作家やミュージシャン、アーティストの応援をしていきました。

やがて、自分のやっていることとは「お客様の夢の実現を応援すること」であり、コーチングとは「夢実現応援の対話」であると得心するにいたりました。その結果、肩書きも「メンタル・コーチ」から「夢実現応援家®」に換えることになりました。

夢実現応援の対話は、お客様自身の夢を明確化します。そしてその人らしい実現方法を探求し、人生を変えていきます。このプロセスは、お客様と夢実現応援家の協力による発明と発見の連続です。日々新しいアイデアを生み出し、人生を切り開いていくのです。そのプロセスは、ワクワクする成長の連続でした。だからいつも、一緒に成長の旅を楽しんでいただいているお客様に感謝しています。


一冊の本を書くというのは、著者一人でできることではありません。本書でそのことを痛切に実感しました。本書で一緒に仕事をさせていただいた編集者の鹿野哲平さん、編集長の手島智子さん、そしてご縁をつないでくださった森下裕士さんには大変感謝しております。

それ以外にも、まさに各方面の皆様のおかげで完成した本です。本来は、お一人お一人のお名前をここに明記してお礼の気持ちとしたいのですが、紙幅に限りがあり、今回は泣く泣く割愛させていただくこととなりました。

原著が出版されたのは、2015年。たくさんの方から感想のメールをいただいたことは大いに励みとなりました。皆様のご厚意に大変感謝しております。

今、読み返してみても、夢実現応援の対話（コーチング）のエッセンスが、シンプルな文章の中にぎゅっと詰まっているのがよくわかります。

この度、文庫化するにあたり、皆様の声とその後の気づきを踏まえて若干の訂正と追加をいたしました。

本書が、あなたの無限の可能性を全世界に解放することに少しでも役立つならば、これに勝る喜びはありません。

本書のご感想やチャレンジしてみたことなどは、メールでお気軽にご報告いただけたら、天にも昇るほどうれしいです！（メールは、gonmatus@gmail.comまでどうぞ。）

また、「夢が実現するメルマガ」や「やる気湧き出す応援メール」というメルマガも発行しています。よろしければご購読ください。左の「著者オフィシャルサイト：http://kekkyoku.jp」からご登録いただけます。

「人には無限の可能性がある」というのが私の考えです。当然、あなたにも無限の可能性が開かれています。だからこそ、あなたの今後ますますのご活躍を心よりお祈りいたします。

平成30年10月吉日

夢実現応援家®　藤由達藏

メールアドレス：gonmatus@gmail.com

著者オフィシャルサイト：http://kekkyoku.jp

本書は二〇一五年に小社より四六判で刊行された『結局、「すぐやる人」がすべてを手に入れる』に、加筆・修正をしたものです。

『結局、「すぐやる人」がすべてを手に入れる』

特典無料動画セミナーの案内

本書の内容をより一層深く広く理解していただけるように動画セミナーを用意しました。次のＵＲＬまたはＱＲコードより、ご登録いただければ、動画をメールにてお届けいたします。

特典動画セミナー登録ページＵＲＬ：

http://kekkyoku.jp/sugu/

◆特典動画セミナー１
「『すぐやる人』になる秘訣とは？」

変化とスピードの速い現代、仕事の中で「すぐやる」ことが求められています。しかし無闇に急いでも行動できません。動画では、本書の核心である「すぐやる人」になる秘訣についてお話ししています。

◆特典動画セミナー２
「気分転換の秘訣とは？」

気分は自分で選べるとしたら、どんな気持ちを味わいたいですか？

本書で紹介している、一瞬で気分を変えるための方法について解説しています。

◆特典動画セミナー３
「周りを動かす会話の秘訣とは？」

気分を上げて、行動しても、周囲の協力が得られなければ決して成功しません。

周囲の人の協力を得るためのコミュニケーションについて解説しています。

青春文庫

結局《けっきょく》、「すぐやる人《ひと》」がすべてを手《て》に入《い》れる
能力《のうりょく》以上《いじょう》に結果《けっか》が出《で》る「行動力《こうどうりょく》」の秘密《ひみつ》

2018年12月20日　第1刷
2025年7月15日　第19刷

著　者　藤《ふぢ》由《よし》達《たつ》藏《ぞう》

発行者　小澤源太郎

責任編集　株式会社プライム涌光

発行所　株式会社青春出版社

〒162-0056　東京都新宿区若松町 12-1
電話 03-3203-2850（編集部）
03-3207-1916（営業部）
振替番号　00190-7-98602

印刷／大日本印刷
製本／ナショナル製本
ISBN 978-4-413-09710-9